JN237444

後藤加寿子

おいしいね。まずはおだしで。

昆布、かつお節、煮干し、素材、乾物でだしをとる。

文化出版局

はじめに

「だし」って何？　なんのために「だし」をとるの？　と疑問に思っている方は、みそ汁を作ることを思い浮かべてください。みそ汁は、だしにみそを溶いたものです。試しにお湯にみそを溶いてみてください。ね、おいしくないでしょう。では、鍋に水とあさりを入れて火にかけ、口が開いたらみそを溶きます。あら不思議、おいしいあさりのみそ汁ができました。つまり、あさりからうまみが出て、水が「だし」に変わるからです。だしとは、水に素材のうまみを移したものなのです。同様に肉や野菜を煮た汁にもうまみが溶け込んでいます。これらはすべてだしといえます。市販のだしのもとを溶かずとも、だしはとれるのです。

　四方を海に囲まれ、海産物に恵まれた日本では、古くから干した魚などでだしをとってきました。中でもうまみのもとであるグルタミン酸が豊富な昆布と、イノシン酸を含むかつお節は、だしとして特別に優秀な素材でした。そしてその二つが出合うことで、飛躍的にうまみが増し、日本料理のだしの本流として定着していったのです。

そしてうれしいことに、かつおと昆布のだし（本書ではかつおだしで表示）は、あれだけ繊細で豊かなうまみを持ちながらも、世界でも類を見ないほど、短時間で簡単にとれるだしなのです。ぜひ試して、化学調味料を含まない、すがすがしいおいしさを体感してください。

本書では、ほかにも、昆布だし、煮干しだし、素材から出るだし、乾物でとるだしと、主要な日本料理のだしを説明し、それぞれのだしに適した料理を紹介しています。

現代の日本の家庭料理は昔とは変わってきています。けれどだしは、日本料理の根幹です。牛肉を玉ねぎと水で煮たら西洋の料理になるところを、和のだしと調味料で煮れば和食になります。だからこそ、正しい日本料理を受け継ぐためには、かつお節や昆布、煮干しなどのだしの味を知ることが大切なのです。天然のうまみを自分の、そして大切な家族の舌に覚え込ませてください。

そうした和食の味の基本であるだしは、きちんととってうまみを引き出せば、調味料の量が少なくてすみ、素材の味が引き立ちます。結果、塩分、糖分、油脂分が減らせて、ヘルシーというメリットもあります。

せっかくだしをとっても物足りないという方は、この本で紹介しているように、一晩または半日、昆布などの素材を水につける方法を実践してみてください。驚くほどうまみが出ます。えー、そんなに長く？という声が聞こえてきそうですが、決して手間ではありません。段取りの問題です。朝、水に昆布をほうり込んで出かければいいだけですから。帰りが遅くなってその日ご飯を作らないことになったら、昆布ごと冷凍してください。解凍すれば、そのままだしをとるのに使えます。それでも面倒なら、市販のだし用パックに削りがつおを細かくしたものや煮干しを粉砕して詰めたものを一緒に煮ましょう。充分にうまみは出ます。

まだ、だしをとったことがない方でも、初めてだしをとって飲んでみると、その淡いうまみが、ＤＮＡに組み込まれているかのごとく、すっと体にしみ渡るのを感じるはずです。西洋や中国の料理のだしに比べたら、日本のだしはインスタントのように簡単です。**まずはだしをとって、おいしいご飯を作りましょう。**

目次

昆布でだしをとる

かつお節でだしをとる

煮干しでだしをとる

肉や魚などの素材でだしをとる

乾物でだしをとる

◎料理を始める前に
この本で使用している計量の単位は、大さじ1＝15㎖、小さじ1＝5㎖、1カップ＝200㎖です。

材料は2人分、多めのほうが作りやすい料理は4人分で表示。

昆布の分量は種類、厚さによって寸法が異なるので、重量（グラム）で表示しています。

昆布でだしをとる

昆布だしのとり方

材料（約1.5ℓ分）
昆布　30g
水　1.8ℓ

昆布には、日本人が素直においしいと思ううまみのもとが詰まっています。ゆっくり一晩水につけた昆布を中火で沸騰直前まで温めてうまみを引き出したもの、それが昆布だしです。

昆布は、とれる地域によって種類が異なり、風味や用途もそれぞれ違います。大きく分けて、利尻、真昆布、羅臼、日高の4種類。京都をはじめ、日本料理店では、澄んだ上品なうまみが出る、利尻昆布を用いる人が多いようです。確かに品のよさでは一番ですが、淡い味わいが特徴なので、扱いが難しく、だしをとり慣れていない人には、うまみが出やすい真昆布をおすすめします。

昆布だしは、基本が精進用のだし。直接、昆布を加えてうまみを足す方法もあり、野菜の料理によく合います。肉や魚が入る料理では、昆布のだしが負けてしまうというか、昆布のよさが消されてしまいがちだからです。野菜の中でも特に、豆類やいも類、かぼちゃなどのでんぷん質のもの、そしてもちろん豆製品である豆腐などとは、抜群の相性のよさを見せます。相性がいいとは、素材の味を邪魔することなく引き出すことができるということ。たとえば、かぼちゃをかつおだしで煮たら、うまみが強すぎて、かぼちゃの甘みを邪魔してしまうところ、昆布だしならストレートにかぼちゃのほっくりした甘みが引き出せる。合う、合わないとはそういうことなのです。

作り方

1 昆布はぬらしたペーパータオルで汚れをさっとふき取る。

2 鍋に分量の水と昆布を入れて一晩おく。左は一晩おいた状態。昆布が充分に開いているのがよくわかる。

3 2の鍋をそのまま中火にかける。途中、出たあくは、あくすくいで丁寧にすくい取り、昆布のまわりにぷつぷつと泡がついてきたら、昆布を引き上げる。目安としては10分くらいかけて、沸騰直前までもっていくと、ほどよいうまみが出ている。

取り出した昆布は冷凍しておき、煮物などをするときの落しぶたとして使うといい。

4 とれただしは、薄い黄金色。保存は冷凍できるコンテナパックに300mlくらいずつ分けて冷凍すると、解凍しやすく、使い勝手がいい。

湯豆腐

大豆のうまみと昆布が出合うことで、豆腐の味わいがぐっと深くなります。最もシンプルな料理ながら、心にしみる一品です。豆腐がぐらっと揺れたらOK。長く加熱していると、うまみが逃げて〝す〟が入ってしまうので注意です。薬味はお好みのものをどうぞ。

○材料(2人分)

豆腐(絹ごし)　1½丁(450g)
昆布　10g
水　4〜5カップ
薬味(好みのもの)　適宜
濃口しょうゆまたは割りじょうゆ★
　適宜

○作り方

1 鍋にぬらしたペーパータオルでふいた昆布を敷き、分量の水を入れる。

2 1の昆布に3cm角に切った豆腐をのせ、中火で豆腐が温まるまで加熱する。

3 器に豆腐をとり、おろししょうがや長ねぎの小口切り、削りがつおなど、好みの薬味をのせ、濃口しょうゆや割りじょうゆをかけていただく。

★割りじょうゆの作り方(作りやすい分量)
鍋に酒、みりん各50mℓを入れて火にかけて煮きり、かつおだし(14ページ参照)1½カップと濃口しょうゆ½カップを加え、煮立ったら弱火にして5分ほど煮る。削りがつお3gを加えて火を止め、こす。

○煮きるときには、酒、みりんが沸騰したら、竹串に火をつけて点火し、すぐにガス火を消し、鍋の火が消えるまでそのままにしてアルコール分を飛ばす。マッチより、ガスで点火した竹串のほうが安全。

ふろふき大根

箸ですっと割れるほどにやわらかく、だしをたっぷり含んだ大根の優しさは、日本人の心の琴線に触れる味わい。みその甘みともよくなじみます。かつおだしで煮たらもっとおいしい？と思うでしょう。ところがかつおの生臭みが目立ってしまうのです。おだしが勝ってしまってはだめなのですね。

材料（2人分）

大根　8～10cm長さ（約400g）
昆布だし　3カップ
田楽みそ（作りやすい分量）
- 白みそ　100g
- 赤色辛口の米みそ（越後みそ）　小さじ1
- 酒　大さじ3
- みりん　小さじ2

ゆずの皮　適宜

作り方

1 大根は長さを半分に切り、皮をむく。

2 鍋に大根を入れ、昆布だしを注ぎ、中火にかける。

3 煮立ったら弱火にし、コトコト40～50分ほど、竹串を刺してすっと通るまで煮る。途中、水分が常にひたひたになるように水を足す。

4 その間に田楽みそを作る。小鍋にすべての材料を合わせ、全体が軽くなじむ程度に混ぜてから、弱火にかける。絶えず木べらでかき混ぜながら、なめらかに練り合わせる。

5 3のふろふき大根を器に盛り、田楽みそを添え、ゆずの皮をすりおろしてふる。

かぼちゃの含め煮

なぜか、でんぷん質の野菜は、かつおのうまみに負けてしまうようです。昆布の静かなうまみだけを足して煮含めると、ほんの少しの砂糖と塩分で、ほっこり優しい甘さが引き立ちます。物足りなくないのかしらとお思いですか？　心配な方、まずは試してみてください。

●材料（4人分）
かぼちゃ　¼個（500g）
昆布だし　3カップ
酒　大さじ2
砂糖　大さじ2½
うす口しょうゆ　大さじ1

●作り方
1　かぼちゃは5×4cmくらいの食べやすい大きさに切り、種を取り、面取りして、皮目を少しそぐ。
2　鍋に昆布だしと酒を入れ、かぼちゃを加えて中火にかける。沸騰したら煮くずれしないようにごく弱火にして煮る。
3　竹串がようやく通る程度になったら、砂糖を加える。3〜4分煮てからうす口しょうゆを加え、さらに3〜4分煮て火を止め、味を含ませる。

●竹串が少し刺さるくらいまで繊維が開いてから砂糖を加えると、素早く浸透し、少量の砂糖でも充分に甘く感じられる。先に塩分を入れると繊維がしまって甘みが入りにくく、必要以上に味が濃くなりがち。砂糖、塩分の順に調味するのが鉄則。

野菜の和風マリネ

浅漬け感覚でさっぱりいただける、野菜のマリネです。本来の洋風のマリネの場合、酢も油もたっぷり使いますが、昆布のうまみがあれば、少ない酢と油のやわらかな味つけで大丈夫。だし、つまり天然のうまみには、塩分など調味料の量を減らせる効果があります。

材料（4人分）

かぶ　5個（300g）
にんじん　中1本（170g）
もろきゅう　5～6本（約100g）
パプリカ（赤、黄）　各½個
蓮根（細いもの）　120g
しめじ　1パック（80g）
塩　適宜

マリネ液

昆布　8g
水　2カップ
酒　¼カップ
米酢　80mℓ
砂糖　大さじ3
塩　小さじ1½
エキストラバージンオリーブ油　大さじ3

作り方

1 マリネ液を作る。昆布は2cm角に切る。酒は煮きっておく（8ページ参照）。ボウルに分量の水を入れ、オリーブ油以外の調味料、昆布を合わせる。

2 かぶは皮つきのまま6等分に切る。皮がかたければむく。にんじんは皮をむき、細めの乱切り、もろきゅうは三等分に切る。それぞれ2％の塩をまぶし、かぶともろきゅうは4～5分、にんじんは7～8分すると水分が出てくるので、流水でさっと洗う。

3 パプリカはオーブントースターで焼き目をつけ、皮をむいて一口大に切る。

4 蓮根は皮をむき、1cm厚さの輪切りにし、強めに塩をした熱湯でゆでる。しめじは石づきを取り、さっと塩ゆでする。

5 1のマリネ液によく水気をきった2～4の野菜、オリーブ油を加えて混ぜる。冷蔵庫で5～6時間おいてからいただく。翌日はもっと味がしみておいしくなる。

昆布だし

じゃがいものポタージュ

日本料理ではすり流しという技法、つまり和のポタージュです。以前は裏ごしにかけていましたが、今はフードプロセッサーやブレンダーがあるから、毎日のおかずにも気軽に取り入れられます。昆布だしだけでのばしたじゃがいもがこんなにおいしいなんて新鮮でしょう。

材料（4人分）

じゃがいも（男爵）　3個（350g）
長ねぎ（白い部分のみ）
　1本分（50g）
オリーブ油　大さじ1弱
バター　10g
塩　適宜
昆布だし　2½カップ

作り方

1　じゃがいもは皮をむき、薄切りにする。長ねぎはみじん切りにする。
2　鍋にオリーブ油とバターを入れて弱火にかけ、長ねぎを加えて炒める。次いでじゃがいも、塩ひとつまみを加えて炒める。
3　じゃがいもが透き通ってきたら昆布だし1カップを加え、じゃがいもがやわらかくなるまで煮て、火を止める。ブレンダー（バーミックスなど）で撹拌してポタージュ状にする。
4　残りの昆布だし1½カップを加えて混ぜ、塩小さじ⅓弱で調味する。再度温めて器によそう。

ねぎは、特有の香りが消えるまで、しっかり炒める。焦げやすいので、弱火で丁寧に。

青豆ご飯

「わあ、今年も春が来た」とうれしくなる、青豆ご飯。季節の慈しみとして、毎年必ずいただきたい炊込みご飯です。実は、豆という素材は、昆布との相性がとてもいい。昆布を加えて炊くだけで、ご飯とのなじみがぐっとよくなります。

材料（4人分）

米　2合
グリーンピース　100g（正味）
昆布　5g
酒　大さじ1
塩　小さじ1弱

作り方

1 米は炊く1時間前に洗ってざるに上げる。グリーンピースはさっと洗う。

2 炊飯器に1の米と昆布、酒、塩を入れ、水を炊飯器の目盛りまで注ぎ、グリーンピースを加えて炊く。

★土鍋で炊く

土鍋に1の米と昆布、酒、塩を入れ、水2カップを注ぎ、グリーンピースを加えて強火にかける。ふいてきたら弱火にし、そのまま約10分加熱する。ふたの間から出る泡がおさまったらごく弱火で5分加熱。火を止め、そのまま10分ほど蒸らす。

かつお節でだしをとる

昆布にはグルタミン酸、かつお節にはイノシン酸と、それぞれたっぷりうまみ成分が含まれていますが、その二つが出合うことで飛躍的にうまみの量が増えることがわかり、かつおだしをとるようになって以降、日本の料理が洗練されていきました。

このかつおだしの〝うまみ〟は世界的にも注目されています。料理屋では各店こだわりのだしを引いています。私もいろいろ試し、家庭で使うという簡便性を踏まえ、今の方法に行き着きました。

ポイントは、一晩つけておいた昆布を、10分かけてぷつぷつと泡がつくくらいの火加減で加熱すること(7ページ参照)。これが最も効率よくうまみを引き出す方法です。そしてもう一つ大切なのがだしを濁らせないこと。濁る原因は、温度が上がりきらないうちにかつお節を入れたり、かつお節をかたまりのまま入れて、火が通っていない部分がある場合です。また、かつお節が沈んでからこす、が、以前は定説でしたが、これも濁る原因の一つ。投入後、再度ぐらっと沸いたら一息にざっとこします。家庭でとるだしは、こすときにかつお節をしっかり絞るので、一番だしはとりません。

削りがつおは、どんなタイプの料理にも使いやすい血合い抜きのものを選ぶといいでしょう。削り節は鮮度が命。封を切ったら、できれば冷凍庫で、無理でも冷蔵庫で保存するようにします。

かつおだしは何にでも合いますが、中でも、吸い物、煮物、卵料理、おひたしや煮びたし、あん、そばつゆや天つゆ。これらはかつおだしなしにはできません。味つけは、しょうゆとの相性が抜群です。

かつおだしのとり方

材料（約1.5ℓ分）

昆布　30g
削りがつお　30g
水 1.8ℓ

作り方

1 昆布はぬらしたペーパータオルで汚れをさっとふき取る。

2 鍋に分量の水と昆布を入れて一晩おく。写真は一晩おいた状態。昆布が充分に開いているのがよくわかる。

3 2の鍋をそのまま中火にかけ、あくを丁寧にすくい取る。周囲にぷつぷつと泡がついてきたら、昆布を引き上げる。

4 3の昆布だしを沸騰直前まで温め、削りがつおを手早くほぐしながら加える。

5 手早く箸でほぐす。中心部が固まったままで、中まで火が入らないと濁る原因になる。

6 再びぐらっと沸いたら火を止め、不織布のペーパータオルを敷いたステンレスのこし器で静かに一気にこす。

7 水分が落ちなくなったら、ペーパータオルで包み、箸で押さえてしっかり絞る。

8 保存は、冷凍できるコンテナパックに300㎖くらいずつの小分けにして、冷凍する。使用する際に、コンテナごと電子レンジに1～2分かけ、液体がかたまりではずれるくらいになったら鍋に移して、そのまま加熱するといい。

なめことわかめのみそ汁

朝の1杯のみそ汁は、活力を与えてくれます。みそという発酵食品とだしが一つになり、日本人の健康を支えてきたのです。だしを沸かしてみそを溶き入れるというシンプルな工程の中にも、その自覚を持って作りたい、そんなふうに思っています。日本各地でさまざまなだしが使われてきたとはいえ、みそ汁に向くだしは、かつおだしと煮干しのだし。使い分けは好みですが、一般的には具が少なくてシンプルなものには、うまみが濃く、くせのないかつおだしが向きます。

材料（2人分）
なめこ　½袋（50g）
わかめ（塩蔵）　10g
かつおだし　1½カップ
赤色辛口の米みそ（越後みそ）　20g

作り方
1 なめこはざっと水で洗い、わかめは塩を洗い流して水でもどし、一口大に切る。
2 鍋にかつおだしを温め、みそをみそこしで溶き入れ、煮立つ直前に1のなめことわかめを加える。再度沸騰直前に火を止め、椀によそう。

だしが温まってきたら、みそをみそこしに入れ、スプーンや小さなへらで溶き入れる。

トマトの赤だし

赤だしは京都生れの私には特別なみそ汁です。独特のこくと心地よい酸味は、うだるような京都の夏の暑さの中でも背筋をしゃんと伸ばしてくれました。赤だしみそのほどよい酸味は、かつおだしと絶対の相性です。懐石料理においては、夏場は八丁みそのみそ汁が決りごとです。とはいえ、決して堅苦しいものではありません。トマトと合わせるこんな赤だしも、新鮮で、しゃれているでしょう。

かつおだし

材料（2人分）

小さいトマト（直径3cmくらいのもの）　4個
かつおだし　2カップ
赤だしみそ（市販品。または八丁みそに白みそ少々を合わせたもの）　30g
溶きがらし★　小さじ½

作り方

1 トマトは皮を湯むきして、へたを取り除く。

2 鍋にかつおだしを温め、赤だしみそをみそこしで溶き入れる。1のトマトを加え、ふつふつと沸いてきたら火を止める。

3 椀にトマトを盛り、赤だしを注ぎ、溶きがらしを添える。

★溶きがらしは、和がらし小さじ½を同量のぬるま湯で練り、さらにぬるま湯少々を加えて、さじからぽたりと落ちるかたさにする。

豆腐と三つ葉の吸い物

だしそのものを味わう吸い物には、やはりかつおだしが向きます。昆布とかつお節のうまみが出合うことによって生まれた、日本のだしの最高峰です。といっても、料理屋さんのように特別に時間やお金をかけた極上のだしを引く必要はありません。家庭では、豆腐や湯葉や卵などのたんぱく質を組み合わせることで、充分に心温まる、おいしい吸い物が作れます。

●材料（2人分）

豆腐（絹ごし）　¼丁（75g）
三つ葉　4本
かつおだし　1½カップ
塩　少々
うす口しょうゆ　小さじ¼

●作り方

1　豆腐は1.5cm角に切る。三つ葉はくるりと結ぶ。

2　鍋にかつおだしを温め、塩、うす口しょうゆを順に加えて味を調える。煮立つ直前に1の豆腐を入れ、ゆらゆらと浮いてきたら火を止める。

3　椀に2の豆腐を盛り、1の結び三つ葉を添えて、つゆを注ぐ。

●吸い物の調味は、だしが温まったらまず塩を加え、続いてうす口しょうゆで調えるのが基本。だしがしっかりとれていれば、塩、うす口しょうゆが少量でも味が決まる。

かき玉汁

ふわふわの卵とだし汁が口の中で一緒になるかき玉は、みんなが大好きなお吸い物です。和の卵料理をDNAレベルでおいしいと感じるのも、かつおだしとの相性があってこそ。つゆに片栗粉で薄いとろみをつけることが、卵を均一にふわふわに仕上げるこつです。作ってみて、初めてうまくいったときはうれしい料理ですね。

材料（2人分）

- 卵　1個
- かつおだし　1½カップ
- 塩　少々
- うす口しょうゆ　小さじ½
- ｜片栗粉　小さじ1
- ｜かつおだし　小さじ1

作り方

1 卵は白身を切るようにときほぐしておく。混ぜすぎるとこしがなくなるので注意。

2 鍋にかつおだしを温め、塩、うす口しょうゆを加え、沸いてきたらかつおだしで溶いた片栗粉を回し入れ、とろみをつける。

3 片栗粉に火が通ってとろみがついたら、1の卵を注ぎ口のあるボウルや器から細く流し、かき玉汁を作り、椀によそう。

つゆが沸いてきたら、だしで溶いた片栗粉を加え混ぜて薄いとろみをつけ、そこへとき卵を細く注ぎながら回し入れる。半熟くらいで火を止めて余熱で火を入れると、ふんわりとしたかき玉になる。

かつおだし

とろろ汁

すりおろしたとろろ芋をだしで割ることを誰が考えついたのでしょう。そのままでも、ご飯にかけても、とてもおいしい食べ方ですね。関西ではつくね芋が主流です。大和芋よりきめが細かく、粘りが強くてこくがあります。もし手に入れば試してみてください。

●材料（2人分）

つくね芋（または大和芋）　100g（正味）

　塩　適宜

卵黄　½個分

▲割りだし

かつおだし　¾カップ

うす口しょうゆ　小さじ2

塩　少々

みりん　小さじ1

●作り方

1　つくね芋は皮をむき、酸化しないよう塩水につける。

2　ボウルに割りだしの材料を合わせる。

3　おろし金で1のつくね芋をおろし、さらにすり鉢に入れてよくすり混ぜ、卵黄を加え混ぜる。

4　3に2の割りだしを少しずつ入れてすり混ぜ、好みの加減に調える。

★好みで青のり、もみのりやわさびを添えてもおいしい。

●すり鉢の目を利用してすると、最もきめが細かくすれるが、時間もかかってしまうので、おろし金でおろしたあとに、すり鉢ですするといい。すり鉢ですりながら、少しずつ割りだしを加え、好みの濃度と味に仕上げる。

だし巻き卵

熱々の卵焼きをほおばれば、ジュワッとだしのうまみがあふれます。嫌いな人はまずいない、だし巻き卵。手際よく巻いていく姿は、料理初心者には憧れですよね。でも、ちょっとくずれたり、でき上りが不格好でも、熱いうちに巻きすで巻いて形を整えれば修正可能ですから、こわがらずに挑戦してみてください。

かつおだし

材料（2人分）

卵　3個
かつおだし　大さじ4
うす口しょうゆ　小さじ1弱
塩　少々
サラダ油　適宜

作り方

1 ボウルに卵を割りほぐし、かつおだし、うす口しょうゆ、塩を加えて、箸で切るようによく混ぜる。混ぜすぎるとこしがなくなるので注意。

2 卵焼き器を熱してサラダ油を薄くひき、箸に卵液をつけて落とし、ジュッと音がしてすぐに固まるくらいまで熱する。

3 中火に落とし、1の卵液をお玉で$\frac{1}{4}$量ほど流し入れる。七分どおり火が通ったら、向うから手前へ巻く。

4 巻き終わったら向う側に寄せて、卵焼き器に油を薄くひき、1の卵液を再度お玉で同量流し入れ、全体に広げる。巻いた卵の下にも卵液を流し入れる。表面がやや乾いてきたら向うから手前へ巻く。以上の作業を繰り返す。

5 焼き終わったらすぐに巻きすにのせ、熱いうちに巻いて形を整える。余熱で中まで火が入って落ち着いたら、2～3㎝幅に切って器に盛る。

巻き終わった卵を向う側へ寄せ、次に巻く分の卵液を流したら、卵焼きを箸で持ち上げ、その下にも卵液を流し込むのを忘れずに。表面が半熟のうちに再度、向うから手前へ巻く。完全に乾いてから巻くと、年輪のような薄い茶色い筋ができ、ぱさついてしまう。

かつおだし

茶碗蒸し

卵とだしの相性を楽しむ料理の真骨頂です。卵は、昆布だしでは物足りず、煮干しだしでは生臭さが目立ってしまう。かつおだしとの相性が絶対なのです。卵2個にだし360mlが失敗のない比率です。さらにふるふるに仕上げて、だしのうまみを味わいたいなら、2個で400mlです。

材料（4人分）

卵液

- 卵　2個
- かつおだし　360ml
- 塩　小さじ1/3
- うす口しょうゆ　小さじ1/2

鶏もも肉　100g
　うす口しょうゆ、酒　各小さじ1
えび（殻つき。さいまき、大正えびなど）　4尾
ぎんなん　8個
生しいたけ　2枚
ゆり根　小1/2個　　塩　少々
三つ葉（2cm長さ）　適宜

作り方

1 鶏もも肉は小さめの一口大に切り、うす口しょうゆと酒をふって下味をつける。えびは殻をむいて背わたを取る。

2 ぎんなんは殻を割って小鍋に入れ、ひたひたの水を注いで沸かし、お玉の底でころころ転がして薄皮をむく。ざるに上げ、薄皮が残っていたら手でむく。

3 しいたけは石づきを取り、1cm幅に切る。ゆり根は1片ずつはがし、汚れを除いて塩を加えた熱湯で1分半ゆでる。

4 卵液を作る。ボウルに卵を割りほぐし、かつおだしと調味料を加え混ぜ、こし器を通して一度こす。

5 蒸し茶碗に1〜3の具材を1/4量ずつ入れ、卵液を1/4量ずつ注ぐ。

6 蒸気が上がった蒸し器に入れ、強火で1〜2分、表面に薄い膜が張るまで加熱し、弱火にして15〜20分蒸す。三つ葉をのせてさらに1〜2分蒸し、火を止める。

かつおだし

親子丼

鶏肉をだしと調味料を合わせた中で煮て、とき卵を回し入れ、ふたをしてふんわり蒸らす。この「卵でとじる」というテクニックも、日本料理の基本の一つです。火を止めるタイミングと蒸らす加減を間違わなければそれほど難しくありません。どんぶり物やうどんなど、なにかと重宝します。

材料（1人分）

ご飯　どんぶり軽く1杯分
鶏もも肉　50g
青ねぎ（九条ねぎ、わけぎなど）　1本
卵（L）　1個
かつおだし　40mℓ
みりん　大さじ1
うす口しょうゆ　大さじ$\frac{1}{2}$
粉山椒（好みで）　適宜

作り方

1 鶏肉は余分な脂を除き、一口大のそぎ切りにする。青ねぎは斜め薄切りにする。

2 小さめのフライパンにかつおだし、みりん、うす口しょうゆを入れて火にかけ、温まったら鶏肉を加えて煮る。

3 鶏肉にほぼ火が入ったら青ねぎを散らし、とき卵を回し入れる。半熟状になったら火を止め、ふたをして1〜2分蒸らす。

4 どんぶりによそったご飯に3をすべらせるようにのせ、好みで粉山椒をふる。

鶏肉にきちんと火が入ってから、とき卵を回し入れる。火の通りにくい真ん中から注ぎ、ぐるりと一周すると、ちょうど均一に火が入る。半熟状になったら、ふたをして火を止め、1〜2分蒸らす。

水菜のおひたし

ゆでた葉野菜を、調味しただしに浸して味を含ませるおひたしは、和の野菜のおかずの代表です。ゆで方が浅いと味がしみ込みにくいので、やややわらかめにゆでて、20分以上はたっぷりうまみの出ただしに浸します。きちんと作られたおひたしのおいしさは心に響きます。

作り方26ページ

甘長とうがらしの焼きびたし

こんがりと焼いた野菜を調味しただしに浸す、焼きびたし。香ばしい焼き目と、ちょっと濃いめに味をつけたかつおだしがよく合う、夏らしい一品です。仕上げに削りがつおを添えたくなることからもわかるように、おひたしには香り高いかつおだしが必然の相性です。

京風しっとりおから

京都では、たっぷりのだし汁でゆるく炊き上げたおからが一般的です。というのも、豆腐のおいしい京都では、おからがおいしいのはあたりまえ。だから、おからをからいりして臭みをとばす必要がありません。たことさつまいもを入れるのは母譲りのレシピです。

作り方27ページ

かつおだし

小松菜と油揚げの煮びたし

温かなだしのおいしさを葉野菜と油揚げにたっぷり含ませた、じんわり心にしみる味わいは、ソウルフードといっていいでしょう。油揚げは手軽にうまみをプラスしてくれる優秀な素材ですが、丁寧に油抜きすることで、でき上りのあか抜け感が全然変わってきます。

水菜のおひたし

◘材料（2人分）
水菜　½束（150g）
　塩　適宜
▲浸し地
　かつおだし　⅔カップ
　うす口しょうゆ　小さじ1½
　みりん　小さじ1弱
　塩　少々

◘作り方
1　水菜はさっと塩ゆでし、冷水にとる。
2　1の水気を絞り、4㎝長さに切る。
3　ボウルに浸し地の材料を合わせ、2の水菜を加えてあえ、そのまま30分ほど浸す。
4　器に盛り、浸し地をかける。

★丁寧に作るなら、薄味の浸し地に浸しておいて、供する直前に、一段味を濃いめに調えた浸し地にさっとくぐらせて盛る。

写真24ページ

◘おひたしは、好みでもっと長い時間浸し地に浸して、味をしっかり含ませてもいい。その場合は冷蔵庫で冷やす。

甘長とうがらしの焼きびたし

◘材料（2人分）
甘長とうがらし（伏見とうがらし）　6本
（万願寺とうがらしなら3〜4本）
▲浸し地
　かつおだし　¾カップ
　うす口しょうゆ　大さじ1
　みりん　大さじ1
削りがつお　少々

◘作り方
1　ボウルに浸し地の材料を合わせる。
2　甘長とうがらしは包丁でへたの近くに縦に切込みを入れてざっと種を取り、グリルで焼く。
3　途中裏表を返し、こんがりと全面が焼けたら熱いうちに1の浸し地に30分ほどつける。器に盛って浸し地を張り、削りがつおをのせる。

★焼きたての熱々を、ジュッとだしの中につけるのが、しっかりと味を含ませるこつ。

京風しっとりおから

●材料（4人分）
- おから　250g
- 干ししいたけ　中2枚
- こんにゃく　50g
- ゆでだこ（足）　小1本（75g）
- にんじん　90g
- さつまいも　150g
- 油揚げ　1枚（40g）
- 青ねぎ（小口切り）　大さじ1
- ▲煮汁
  - かつおだし　3カップ
  - うす口しょうゆ　大さじ2½
  - 酒、みりん　各大さじ2
  - 砂糖　大さじ1½

●作り方

1　干ししいたけは水でもどして軸を取り、5㎜角に切る。こんにゃくは5〜6分ゆでてから7㎜角に切る。たこは7㎜角に切る。

2　にんじんは皮をむき、2㎝長さのせん切りにする。さつまいもは皮つきのまま7㎜角に切る。油揚げは1〜2分ゆでてしっかり油抜きし、2㎝長さの細切りにする。

3　鍋に煮汁の材料を入れて一煮立ちさせ、まず**1**を加えて約10分煮る。

4　**3**におからを加えて5〜6分煮たら、**2**を加え、木べらで混ぜながら煮汁がひたひたになるくらいまで煮る。仕上げに青ねぎを加え混ぜ、さっと火を通す。

★きめが粗いおからは、フードプロセッサーで攪拌し、なめらかにするといい。

●煮汁がひたひたになるくらいまで、木べらで常に混ぜながら煮る。

写真25ページ

小松菜と油揚げの煮びたし

●材料（2人分）
- 小松菜　1束（250g）
  - 塩　少々
- 油揚げ　1枚（40g）
- かつおだし　2カップ
- うす口しょうゆ　大さじ1⅓
- みりん　大さじ⅔
- 塩　小さじ¼

●作り方

1　小松菜は塩少々を加えた熱湯でゆでて水にとり、水気をよく絞って、5㎝長さに切る。

2　油揚げは熱湯で1〜2分ゆでてしっかり油抜きし、横半分に切ってから2㎝幅に切る。

3　鍋にかつおだしと調味料を合わせ、**2**の油揚げを入れて火にかける。煮立ったら火を弱め、2〜3分煮て充分に味を含ませる。**1**の小松菜を加えてさらに1〜2分煮て火を止め、そのまま味を含ませる。

●だしと調味料を合わせた中に、まず油抜きした油揚げを加え、火にかける。煮立ってから2〜3分煮て味を含ませる。そのあとにゆでた小松菜を加えてさっと煮る。

野菜の酢の物

作り方30ページ

アスパラガス、うど、みょうが、えのきと、春らしい野菜を取り合わせました。酢の物と聞くと、古い料理のように感じられるかもしれませんが、目にも涼しげなさっぱりとした味わいは、いわば、和食のサラダです。野菜の酢の物に関しては、だしを多めに合わせるのがポイント。酢とうす口しょうゆを、飲んでもおいしい加減に合わせます。

たこ酢

たこや貝類などの魚介も、酢の物に向く素材です。中でもたこときゅうりの組合せは、定番中の定番。野菜の酢の物に比べてきりっと酸味をきかせるのが、おいしく仕上げるこつです。

かつおだし

作り方31ページ

ささ身の酢の物

肉類では、鶏ささ身が酢の物の常連です。ここではグレープフルーツのほろ苦さと酸味を生かして、やや甘めの合せ酢で仕上げました。優しい口当たりが楽しめます。

酢の物

食を取り巻く環境が大きく変わった今でも、私が守り、提案していることの一つに、「献立の中に、一つは油を使わない料理を取り入れましょう」ということがあります。酢の物というと、料理屋さんなどで、甘みや酸味が強いものが多かったせいか、古い料理と感じる人も少なくありません。本来、酢の物の合せ酢はだしを使わないものでしたが、だしを加えてやわらかな酢加減に調えれば、今のサラダ感覚でいただけます。あえる具材に応じて、合せ酢の割合を変えることも大切。たとえば、たこやかに、さよりなど、魚介を合わせるときは、酢をしっかりきかせます。逆に野菜の酢の物には、だしをたっぷり配合してまろやかに。ささ身はその中間。こうした一工夫で、酢の物が、食卓の中でもっと生きてきます。

写真28ページ

野菜の酢の物

材料（2人分）

うど　5cm（50g）
グリーンアスパラガス　2本
　塩　適宜
えのきだけ　1/3袋（70g）
みょうが　2個

合せ酢
- 酢（米酢）　大さじ2
- かつおだし　大さじ3½
- うす口しょうゆ　大さじ1
- 塩　少々

作り方

1　うどは皮を厚くむき、3mm幅の短冊に切る。

2　グリーンアスパラガスは茎のかたい部分を落としてはかまを取り、さっと塩ゆでし、冷水にとる。4cm長さに切り、太い部分は縦に2〜4等分にする。

3　えのきだけは歯ごたえが残る程度にさっと熱湯に通し、3cm長さに切る。

4　みょうがは縦半分に切り、縦に薄切りにする。

5　合せ酢を作る。ボウルに酢、かつおだし、うす口しょうゆ、塩を順に入れて混ぜ合わせる。

6　5の合せ酢に1〜4を加えてあえ、器に盛る。

かつおだし 大さじ3½

酢 大さじ2

たこ酢

材料（2人分）

ゆでだこ（足）　中1本（90g）
きゅうり　1本
　塩　適宜
合せ酢
　酢（米酢）　小さじ2強
　かつおだし　大さじ½
　うす口しょうゆ　小さじ½
　塩、砂糖　各ひとつまみ
　しょうが汁　適宜

作り方

1　たこは一口大のぶつ切りにする。

2　きゅうりは小口から3㎜厚さの薄切りにし、立て塩（海水くらいの3％の塩水）に5分ほどつけてしんなりとさせ、水気を絞る。

3　合せ酢を作る。ボウルに酢とかつおだしを合わせ、調味料を加え、最後にしょうが汁を加えてよく混ぜる。

4　3の合せ酢にたこ、きゅうりを加えてあえ、器に盛る。

かつおだし
大さじ½

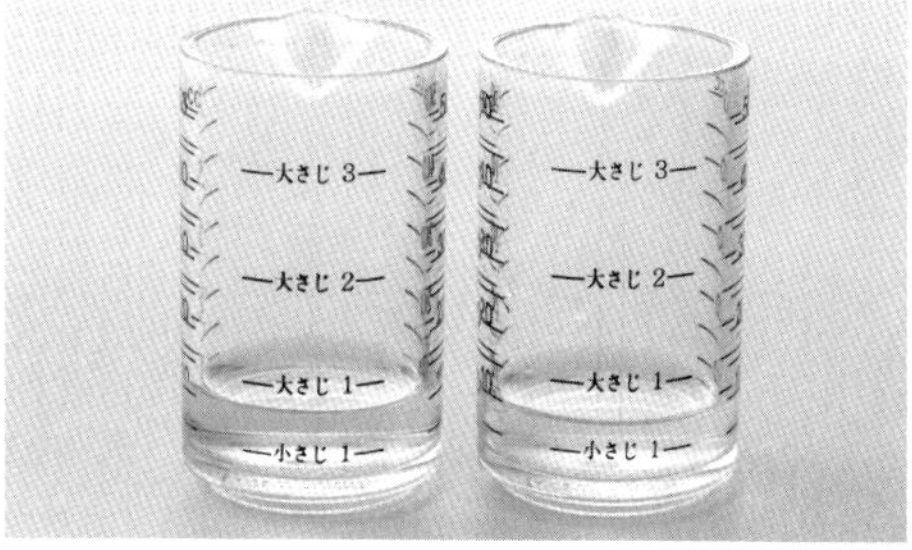

酢
小さじ2強

写真29ページ

ささ身の酢の物

材料（2人分）

鶏ささ身　1本
　酒　少々
せり　6本
　塩　適宜
グレープフルーツ　2房
合せ酢
　酢（米酢）　大さじ2
　かつおだし　大さじ2
　砂糖　小さじ½
　うす口しょうゆ　小さじ2

作り方

1　鶏ささ身は筋を取り、酒をふり、さっとゆでて細く裂く。

2　せりはさっと塩ゆでし、冷水にとり、水気を絞ってから3㎝長さに切る。グレープフルーツは袋を除き、小さく分ける。

3　合せ酢を作る。ボウルに酢とかつおだしを合わせ、調味料を加えて混ぜ合わせる。

4　3の合せ酢に1のささ身、2のせり、グレープフルーツを加え、さっくりあえて、器に盛る。

かつおだし
大さじ2

酢
大さじ2

湯葉の野菜あんかけ

冬の寒さが厳しいからか、京都の人はだし汁にとろみをつけたあん物が大好きです。湯葉に野菜のあんをかけるこんな食べ方は、京都らしいおかずの一つです。味わいが薄まらないよう、とろみづけの片栗粉もだしで溶くのがこつです。

主菜

湯葉の野菜あんかけ

材料（2人分）
引上げ湯葉　½袋（80g）
しめじ　1パック（120g）
生しいたけ　5枚
パプリカ（黄）　¼個（50g）
スナップえんどう　6本
　塩　適宜
あん
A かつおだし　1½カップ
　酒　大さじ1
　みりん　大さじ1½
　うす口しょうゆ　大さじ2
　塩　少々
　片栗粉　大さじ1½
　かつおだし　大さじ1½

作り方
1　湯葉は1枚ずつはがし、8等分（約4×12cmの長方形）に切り、ビニール袋に入れる。
2　しめじは石づきを取り、ばらばらにほぐす。しいたけは軸を取り、7mm幅に切る。パプリカは7mm角に切る。
3　スナップえんどうは両側の筋を取り、塩ゆでして半分に切る。
4　あんを作る。鍋にAの材料を合わせて火にかけ、2の野菜を加えて煮る。
5　その間に熱湯を入れたボウルに1の湯葉を浮かべ、温める。
6　4の野菜に火が通ったら3のスナップえんどうも加えて一煮立ちさせ、かつおだしで溶いた片栗粉を回し入れてとろみをつける。
7　器に温めた湯葉を盛り、6のあんをかける。

とろみづけの失敗の多くは、だまになることと、粉っぽさが残ってしまうこと。それを防ぐには、煮立つ直前に溶いた片栗粉を何回かに分けて回し入れ、すぐに混ぜ、再び沸いたらひと呼吸おいて火を止める。片栗粉を水ではなくだしで溶くのは、味を薄めないため。

湯葉の野菜あんかけの献立

主菜、副菜、汁というカテゴリーがはっきりしない、けれど心温まるおかずもたくさんあります。たとえば、この湯葉の野菜あんかけがそう。そんなおかずこそ、組合せはセンスの見せどころです。湯葉と野菜の優しいうまみを生かすように、副菜はだし巻き卵にしました。どちらも、確かなおだしのおいしさに支えられていますから、あえて汁は用意しなくてもいいでしょう。その代り漬物を用意すれば、ご飯も進み、ほっと心安らぐ献立です。

副菜

だし巻き卵
作り方は21ページ

＋

小品

漬物
手前から、白菜、赤かぶ、壬生菜の盛合せ。

揚出し豆腐

つゆの基本は、だし4・みりん1・しょうゆ1の割合のそばつゆ。天つゆはだし6・みりん1・しょうゆ1の割合。このようにだしの量で希釈率を変えることで、味も用途も変わります。揚出し豆腐のようにかけるだしは、飲めるくらいに薄めのだし10・みりん1・しょうゆ1の割合が基本。甘めが好みならみりんを、塩分が欲しければうす口しょうゆを足すなど、そこから好みで調整します。

副菜（汁代り）

揚出し豆腐

●材料（2人分）
豆腐（木綿）　½丁（150g）
　片栗粉　適宜
ししとう　4本
揚げ油　適宜
つゆ
　かつおだし　130mℓ
　うす口しょうゆ　小さじ2強
　みりん　大さじ1
　塩　少々
もみじおろし
　大根　5〜7cm長さ
　赤とうがらし　1本
長ねぎ　3cm

●作り方
1 豆腐はまな板で重しをし、約1時間水きりし、4等分にする。
2 大根に菜箸などで穴をあけて種を除いた赤とうがらしをさし込み、おろし金ですりおろしてもみじおろしを作る。長ねぎはせん切りにする。
3 つゆの材料を小鍋に合わせて温める。
4 1の豆腐の水気をふいて片栗粉をまぶし、160〜170℃に熱した揚げ油に入れて揚げる。ししとうは軸を短く切り、竹串で数か所刺して、素揚げにする。
5 器に揚げた豆腐とししとうを盛り、熱々にしたつゆをかけ、もみじおろしと長ねぎを添える。

●水気をきった豆腐を、薄く片栗粉をふったバットにのせ、手で転がしながら全面に片栗粉をまぶし、余分な粉は手ではたく。

揚出し豆腐の献立

揚げ物がちょっとハードル高く感じられるかもしれませんが、揚出し豆腐は日本人なら誰でも好きなおかず。居酒屋さんで食べる料理になってしまっているのが残念です。ぜひ作ってみてください。たっぷりだしをかけていただけば、献立の中では汁代りの副菜としても楽しめます。ほのかな甘辛味が人気の西京焼き、そして副菜の定番、水菜のおひたしを合わせました。受け継いでいきたい、正しい日本の夜ご飯の一例といえるでしょう。

主菜

さわらの西京焼き

●塩をしたさわらの切り身を、酒とみりんで溶いた西京みそに2〜3日漬ける。みそをぬぐい、こんがりと焼く。

＋

副菜

水菜のおひたし

●作り方は26ページ

若竹煮

まさに春爛漫の素材を煮て合わせた季節の料理です。八方地とは、だしと煮きったみりんと酒を合わせ、用途に応じてうす口しょうゆや塩を加えて煮汁とする、日本料理の煮物の基本的な技法です。若竹煮のようにちょっとよそゆきの上品な煮物には、八方地のうまみを含んだ淡い甘みが適しています。

材料（2人分）

ゆでたけのこ
　小3本（正味約420g）
わかめ（塩蔵）　40g
酒　¼カップ
みりん　¼カップ
かつおだし　2カップ
うす口しょうゆ　大さじ½
塩　少々
木の芽　適宜

作り方

1 たけのこは穂先と太い部分に分ける。穂先はかたい部分を切り落とし、縦半分に切る。太い部分は1.5cm厚さの輪切りにする。

2 わかめは塩をよく洗い、水でもどして食べやすい大きさに切る。

3 鍋に酒とみりんを入れて火にかけ、点火してアルコール分をとばして煮きり（8ページ参照）、だしを加えて八方地を作る。うす口しょうゆ、塩を加えて一煮立ちさせ、1のたけのこを入れて火を弱め、20分ほど煮てそのまま冷ます。

4 盛りつける直前にたけのこを煮汁ごと温め、次いで2のわかめを加えてさっと煮る。器に盛り合わせ、木の芽を添える。

＊たけのこのゆで方

たけのこは先端を斜めに切り落とし、身を傷つけないよう縦に浅めに切り目を入れる。たっぷりの水にたけのこ、ぬか⅔カップ、赤とうがらし1本を入れて火にかけ、1〜1時間半、竹串がすっと通るまでゆで、そのまま冷ます。ぬかを洗い落とし、切り目を押し広げるようにして皮をむき、2〜3時間水にさらす。

高野豆腐とアスパラガスの煮物

かつおだし

口の中に優しいだしのうまみがあふれる高野豆腐。最もだしを実感できる煮物の一つかもしれません。もどすのが面倒と思っているかもしれませんが、レシピどおりに手順を踏めば、難しいことはありません。煮汁をやや甘口に仕上げたほうがおいしく感じます。

材料（作りやすい分量）
高野豆腐　3枚
グリーンアスパラガス　適宜
　塩　適宜
煮汁
　かつおだし　3カップ
　酒　大さじ3
　砂糖　大さじ3
　うす口しょうゆ　大さじ2
　みりん　大さじ1
　塩　小さじ1/3

作り方

1　ボウルに50℃くらいの湯を張り、高野豆腐を10分間浸してもどす。別のボウルにたっぷり水を入れ、もどした高野豆腐を2〜3度押洗いし、水気を軽く絞る。1枚を6等分に切る。

2　鍋に煮汁の材料を合わせ、1の高野豆腐を入れて火にかけ、沸騰したら弱火にし、落しぶた（あればだしをとった昆布で）をする。煮汁が常にひたひたになるように、ときどき水を足しながら20〜25分煮、火を止めて煮汁ごと冷ます。

3　グリーンアスパラガスは茎のかたい部分は落としてはかまを取り、塩を加えた熱湯でゆで、4cm長さに切る。太いものは縦半分に切る。

4　2の鍋を再度温め、3のグリーンアスパラガスも加えてさっと煮て仕上げ、器に盛る。

★高野豆腐はこの分量で煮たほうが上手に煮える。残ったら汁ごと冷凍保存できる。

おでん

このタイプのおでんが関西で関東炊きと呼ばれるのは、関東の煮物のようにしょうゆをしっかりきかせて、濃い色のだし汁の中でじっくりと煮るからです。煮汁をつぎ足し、つぎ足し使う、専門店のようなこくは、家庭のおでんではなかなか出ません。でも、鶏肉の切れ端を先に煮て煮汁にこくを出し、その中でおでんのたねを煮れば、なかなかのものですよ。

材料（4人分）

大根　1本（1.2kg）
卵　4個
鶏もも肉（一口大に切る）　60g
こんにゃく　1枚
たこ（ゆでたたこの足）　2本

袋

- 油揚げ　2枚
- ぎんなん　8個
- エリンギ　2本
- 餅　1枚
- かんぴょう　1m

ちくわ　2本
わかめ（塩蔵）　40g

煮汁

- かつおだし　9カップ
- 酒　½カップ
- みりん　大さじ3
- 濃口しょうゆ　大さじ2
- うす口しょうゆ　大さじ1
- 塩　小さじ½

練りがらし　適宜

作り方

1 大根は2cm厚さの輪切りにして皮をむき、面取りして8分ゆでる。卵は15分ゆでて冷水にとり、殻をむく。鶏もも肉はさっとゆでる。こんにゃくは三角に切り、5～6分ゆでる。たこは一口大に切る。

2 鍋に煮汁の材料と1の鶏肉を入れて10分ほど煮る。続いてたこ以外の残りの1の具を加え、1時間弱火で煮る。さらにたこを加え、1時間煮て、鍋ごと冷ます。

3 袋を作る。油揚げは上からめん棒を転がしてから、熱湯で1～2分ゆでて油抜きする。半分に切り、袋状に開く。かんぴょうは塩でもんで洗い、水気をきる。

4 ぎんなんは殻を割り、ゆでて薄皮をむく(22ページ参照)。エリンギは細かく刻む。餅は1.5cm角に切る。

5 3の油揚げに4の具を詰め、3のかんぴょうで結ぶ。

6 ちくわは斜めに切り、湯通しする。わかめは塩をよく洗い、水でもどして食べやすい大きさに切る。

7 2の鍋を再び火にかけ、5の袋、ちくわ、わかめを入れて、袋の餅がやわらかくなるまで煮る。練りがらしを添えて供する。

鍋にかつおだしと調味料を合わせ、下ゆでした鶏肉を入れてまず煮る。これがだしにこくを出す秘訣。ただし、この場合の鶏肉は適量（60g）を守り、必要量以上加えないように注意する。

かつおだし

白菜と厚揚げの煮物

大豆のうまみが詰まった豆腐を、さらに油で揚げて滋味を増した厚揚げなら、煮るだけで充分においしい味が出ます。火を通すほどに甘みの出る白菜と組み合わせれば、あっさりとしながらも、心温まる味わい深い煮物になります。ゆずの皮を散らして、冬の季節感とともにいただきましょう。

材料（2人分）

白菜　400g
厚揚げ　½丁
煮汁
- かつおだし　2½カップ
- 酒　大さじ2
- みりん　大さじ2
- うす口しょうゆ　大さじ1½
- 砂糖　小さじ2
- 塩　ひとつまみ

ゆずの皮　少々

作り方

1. 厚揚げは熱湯で1～2分ゆでて油抜きし、一口大に切る。
2. 白菜は白い軸の部分はそぎ切りにし、葉は大きめのざく切りにする。
3. 鍋に煮汁の材料を入れて火にかけ、煮立ったら1の厚揚げを入れ、3～4分煮たら2の白菜を入れ、しんなりするまで煮る。
4. 厚揚げと白菜を器に盛って煮汁をかけ、細切りにしたゆずの皮を添える。

いか大根

外側が甘辛いしょうゆの色、中はまだ白くほっこり、そんな煮方は、関東ならではのもの。つまり、京都のコトコトじっくりの反対です。煮えにくい大根を先にだしの中でやわらかく煮ておき、最後にいかを加え、強火でかっと煮汁をからませます。

副菜

いか大根

●材料（4人分）
やりいか　1ぱい（約300g）
大根　1/3本（400g）
かつおだし　2 1/2カップ
酒　大さじ3
砂糖　大さじ2
濃口しょうゆ　大さじ2 1/2
みりん　大さじ2
しょうが　適宜

●作り方
1 いかは内臓と足をはずし、2cm幅の輪切りにする。足は適宜切る。
2 大根は2cm厚さの輪切りにし、皮をむいて半分に切る。
3 鍋にかつおだしと酒を入れ、1の大根を入れてやわらかくなるまで約30分煮る。途中、常に水分がひたひたになるよう、水を足す。
4 砂糖としょうゆ、みりんを足し、いかを加えて煮汁がほぼなくなるまで中火で煮、最後は全体に煮からめる。
5 しょうがは薄切りにしてからごく細いせん切りにし、水にさらし、針しょうがを作る。
6 いかと大根を盛り合わせ、針しょうがを添える。

いか大根の献立

こっくりとした甘辛さが関東のおかずらしい、いか大根は、野菜+たんぱく質の煮物。これだけでもボリュームはありますが、野菜たっぷりの副菜の1品という考え方もできます。すると、主菜には肉が欲しくなります。いか大根が甘辛いしょうゆ味ですから、鶏肉はさっぱり塩焼きにしました。もう1品に味の変化を求めて、酢をきかせたものにすれば、1食でさまざまな味が楽しめます。そんなバランスのとり方が献立上手になる秘訣です。

主菜

鶏肉のソテー
●鶏もも肉は、余分な脂肪を除き、酒と塩をまぶしつけ、フライパンで皮目から焼く。

＋

副菜

野菜の酢の物
●作り方は30ページ

夏野菜のそうめん

食欲のない暑い日に、そうめんほどつるりとのどを通るものはありません。「市販のめんつゆを使わずにおいしいつゆを作って食べてみたい……」という声をよく聞きます。めんつゆだって決して難しくありません。しっかりとったかつおだしとみりん、うす口しょうゆ、その配合だけ覚えれば、手軽においしいめんつゆが作れます。

作り方44ページ

かつおだし

ぶっかけそば

静岡の家では、このぶっかけそばで年越しをします。生の桜えびが手に入る季節には、それをかき揚げにして楽しみます。家庭のそばつゆの基本は、だし4・濃口しょうゆ1・みりん1の割合。おそば屋さんでは、しょうゆ、みりん、砂糖を煮立てた「かえし」を、かつおの荒節とさば節でとっただしで割って、そばつゆにします。

あっさり肉じゃが

いわゆる肉じゃがというと、だしを使わずに水だけで煮て、しょうゆと砂糖で濃いめの甘辛味に仕上げるお惣菜です。ここでは、かつおだしで煮てうまみを補うことで、調味料の量をぐんと減らし、あっさりとした味わいに仕上げました。

作り方45ページ

夏野菜のそうめん

写真42ページ

●材料（2人分）

そうめん　4束（200g）
卵　2個
　サラダ油　適宜
なす　2本
オクラ　2本
　塩　少々
きゅうり　1本
みょうが　2個
しいたけの含め煮★　2枚

▲薬味

花穂　2本
万能ねぎ（小口切り）　3本分
おろししょうが　適宜

▲めんつゆ

かつおだし　$2\frac{1}{2}$カップ
みりん　70mℓ
うす口しょうゆ　大さじ$2\frac{1}{2}$
塩　小さじ$\frac{1}{3}$

●作り方

1 鍋にめんつゆの材料を合わせて一煮立ちさせ、人肌に冷めたら冷蔵庫で冷やす。
2 具の準備をする。卵は割りほぐして一度こし、サラダ油をひいたフライパンで薄焼き卵を焼く。
3 なすはじか火で焼いて焼きなすにし、皮をむく。食べやすい大きさに裂く。
4 オクラは塩をまぶして板ずりし、ゆでて小口切りにする。
5 きゅうりは4cm長さのせん切りにする。みょうがは縦半分に切り、縦に薄切りにする。
6 鍋にたっぷりの湯を沸かしてそうめんをゆで、流水でよく洗い、水気をきって氷を入れた器に盛る。**2**〜**5**の具と薄切りにしたしいたけの含め煮、薬味を彩りよく盛り、別の器に入れたつゆを添える。

★しいたけの含め煮
（作りやすい分量）

もどした干ししいたけ6枚は軸を取り、薄切りにする。小鍋にかつおだし1カップ、水$\frac{1}{2}$カップを合わせた中で3〜4分煮、砂糖大さじ$2\frac{1}{2}$を加えてさらに3〜4分煮る。濃口しょうゆ、うす口しょうゆ各大さじ$1\frac{1}{2}$、みりん大さじ1を加え、煮汁がひたひたになるまでごく弱火で煮る。

ぶっかけそば

●材料（2人分）

そば（乾めん）　200g
桜えび（乾燥）　10g
玉ねぎ　$\frac{1}{8}$個（30g）
大根おろし　$\frac{1}{4}$カップ
万能ねぎ（小口切り）、
　おろししょうが　各適宜

▲衣

小麦粉　$\frac{1}{2}$カップ
とき卵　$\frac{1}{2}$個分
冷水　約70mℓ

揚げ油　適宜

▲めんつゆ（作りやすい分量）

かつおだし　1カップ
濃口しょうゆ　$\frac{1}{4}$カップ
みりん　$\frac{1}{4}$カップ

●作り方

1 めんつゆの材料を火にかけ、沸いたら弱火にし、4〜5分煮る。人肌に冷ましたのち、冷蔵庫で冷やす。
2 玉ねぎは薄切りにする。
3 衣は小麦粉をふるい、とき卵に冷水を合わせた卵水を加えてさっくり混ぜる。
4 ボウルに玉ねぎと桜えびを入れて小麦粉少々（分量外）をまぶし、**3**の衣を加えてさっくり混ぜ、170℃に熱した揚げ油でかき揚げにする。
5 そばはたっぷりの熱湯でゆで、冷水でよく洗い、水気をきってどんぶりに盛る。上にかき揚げ、大根おろし、おろししょうが、万能ねぎをのせ、つゆをかける。

★生の桜えびは、干した桜えびとはまた一味違った味わい。手に入る時期（4〜6月、10、11月）にはぜひ。

●めんつゆは、沸いたあとに弱火にし、じっくり煮ることで、風味が増す。残っためんつゆは冷凍できる。

副菜

あっさり肉じゃが

●材料（4人分）
じゃがいも（男爵）　3個（400g）
にんじん　½本
玉ねぎ　1個
牛肉（薄切り）　200g
いんげん　8本
　塩　適宜
かつおだし　2½カップ
砂糖　大さじ3
濃口しょうゆ　大さじ3
みりん　大さじ1
サラダ油　大さじ1

●作り方

1　じゃがいも、にんじんは皮をむく。じゃがいもは四等分、にんじんは1.5cm厚さの輪切りにし、大きいものは半分に切る。玉ねぎは六等分のくし形に切る。

2　鍋にサラダ油を熱し、じゃがいもとにんじんを炒め、かつおだしを加える。煮立ったら牛肉を加え、あくを丁寧に取り除き、弱火で15分ほど煮る。

3　じゃがいもが少しやわらかくなったら玉ねぎと砂糖を加えて5分煮る。しょうゆとみりんを加えてさらに弱火で15分ほど煮て火を止め、味を含ませる。

4　その間にいんげんはなり口を落とし、塩を加えた熱湯でゆでて冷水にとり、半分に切る。

5　食べる直前に鍋を火にかけて温め直し、いんげんを加えて火を止め、器に盛る。

●じゃがいもに竹串が刺さるくらいやわらかくなってきたら、まず砂糖を加えて煮る。先に塩分が入ると甘みが入らなくなるので、まず砂糖で調味することが大切。

写真43ページ

あっさり肉じゃがの献立

肉じゃがといえば、日本のおかずの代名詞。肉のほかにじゃがいも、にんじんなど野菜がたっぷり入っていますから、バランス抜群。たっぷりいただいて主菜に、小鉢に盛って副菜に、そんな考え方をすれば献立の幅が広がります。ここでは副菜と考え、主菜にはあじの塩焼きを合わせました。肉じゃがが野菜たっぷりですから、野菜の小鉢はつけなくとも、なめことわかめのみそ汁と合わせれば充分です。

主菜

あじの塩焼き

●あじは、ぜいご、うろこ、内臓を取り除き、塩を全面にまぶし、魚焼き器で焼く。

＋

汁

なめことわかめのみそ汁

●作り方は16ページ

たらちり

煮ると身がかたく締まってしまう魚も、蒸すと細胞の間に蒸気が入り、ふっくらやわらかく仕上がります。それがちり蒸しの最大の利点です。少ない汁で、味も充分に入ります。ハードルが高く感じる蒸し物ですが、蒸している間は手が離れますから、むしろ手間のかからない調理法です。それでいてよそゆきの一品になりますから、蒸し器を出す手間を惜しまずに、ぜひレパートリーに取り入れてみてください。

材料（2人分）
たら（切り身）　2切れ
生しいたけ　小4枚
豆腐（絹ごし）　½丁（150g）
絹さや　4枚
塩　適宜
汁
かつおだし　130mℓ
酒　大さじ1
みりん　大さじ1½
うす口しょうゆ　大さじ1½
塩　少々
もみじおろし（p.35参照）　適宜
柑橘類（ゆず、レモンなど好みで）　適宜

作り方
1　たらは両面に薄く塩をしてしばらくおき、水が出たらペーパータオルでふく。
2　しいたけは軸を取る。豆腐は半分に切る。絹さやは筋を取る。
3　蒸し器に入る大きさのバットに、たら、しいたけ、豆腐、絹さやを入れる。
4　蒸し器にふきんを敷き、火にかける。同時に小鍋に汁の材料を入れ、火にかける。
5　蒸し器に蒸気が上がったら、3のバットを入れ、4の沸騰した汁を注ぎ、蒸し器のふたをして蒸す。
6　8分蒸し、たらに火が通ったらふきんごとバットを取り出し、温めておいた器に盛る。もみじおろしを添え、好みで柑橘類のしぼり汁をかける。

取り出しやすいように蒸し器にふきんを敷いて火にかけ、蒸気が充分に上がったら、具材をのせたバットを入れ、沸騰した汁を注ぎ、ふたをして蒸す。

かつおだし

かに雑炊

だしさえストックしておけば、ちょっと小腹がすいたときにすぐに雑炊が作れます。とき卵を流して半熟にとじた優しい味わいは格別。鍋あとなら、だしをとらずとも、たっぷり素材のうまみの出た煮汁をそのまま利用できます。

材料（2人分）

- ご飯　茶碗1杯分（150g）
- かに肉　80g
- 卵（L）　4個
- 三つ葉　少々
- しょうが汁　適宜
- かつおだし　1½カップ
- 酒　大さじ1
- うす口しょうゆ　大さじ1弱
- 塩　少々

作り方

1. かに肉は細かくほぐし、卵は軽く割りほぐす。三つ葉は3cm長さに切る。
2. ご飯はざるに入れ、流水でさっと洗い、水気をきる。
3. 土鍋にかつおだしを入れて火にかけ、酒、うす口しょうゆ、塩で調味する。沸いたら2のご飯を入れ、再び煮立ったらかに肉を散らし、とき卵を回し入れてすぐにふたをする。ふきこぼれないように火加減を調節し、一煮する。
4. 卵が半熟状態になったら三つ葉、しょうが汁を加えて火を止める。

ご飯をざるに入れ、流水でさっと洗って粘りを取ると、雑炊がさらっと仕上がる。

飯

きのこご飯

●材料（4人分）
米　2合
しめじ　50g
まいたけ　50g
生しいたけ　中2枚
かつおだし　約310㎖
酒　大さじ1½
うす口しょうゆ　大さじ1½
みりん　大さじ1
塩　小さじ⅓

●作り方
1　米は洗ってざるに上げる。
2　しめじとまいたけは石づきを取り、小房に分ける。しいたけは軸を除き、5㎜幅に切る。
3　炊飯器に米と調味料を入れ、かつおだしを2合の目盛りまで注ぎ、きのこ類をのせて炊く。

★土鍋で炊く
土鍋に**1**の米と調味料を入れ、かつおだしを注ぎ、きのこ類をのせて強火にかける。ふいてきたら弱火にし、そのまま約10分加熱する。ふたの間から出る泡がおさまったらごく弱火で5分加熱。火を止め、そのまま10分ほど蒸らす。

きのこご飯の献立

鶏のから揚げを主菜に、小松菜と油揚げの煮びたしときのこご飯の組合せは、現代の家庭が求めている日本料理のイメージの一つの典型といえるでしょう。

これだけ各国の味が日常的になっている今の時代においては、焼き魚におひたしというだけでは、若い方や育ち盛りの子どもたちは満足できません。鶏のから揚げのようなボリューム感があって初めて満足できるのです。でも、そのときにも、季節の味としてきのこご飯と、煮びたしを加えて、次世代につなげる和食としての献立を守っていきたいと思います。

主菜

鶏のから揚げ
●鶏もも肉は大きめの一口大に切り、しょうゆ、酒、しょうがのしぼり汁を合わせた中に20分ほどつけ、下味をつける。水気をふき、小麦粉か片栗粉をはたいて油で揚げる。

＋

副菜

小松菜と油揚げの煮びたし
●作り方は27ページ

きのこご飯

ふだん何気なく料理をしている中にも、素材とだし、そして調味料との相性は、厳然とあります。春の豆ご飯が昆布、そして塩と相性がよかったのとは逆に、きのこご飯はかつおだし、そして、しょうゆとの組合せが絶対です。しょうゆとだしの効果でできる、お焦げも楽しみです。

煮干しでだしをとる

私たちは今、あたりまえのように、かつおと昆布のだしを使っていますが、かつお節は高知、三重、和歌山、静岡など、かつおのとれる場所で発生した食文化、一方昆布は北海道から北前船で運ばれてきました。その二つが出合ったのは、ずいぶん時代が下ってからのことでした。それまでは日本の沿岸のどこでもとれたいわしや小魚を干した、煮干しのほうが、だしとしてはずっと身近だったのです。だから、煮干しは、最も日常的なみそ汁との相性がよいのかもしれません。

煮干しは、大ぶりで肉厚なもののほうが、しっかりとしたうまみが出て、臭みのない澄んだだしがとれます。頭とはらわたを除き、昆布とともに一晩水につけます。昆布にぷつぷつと泡がつくまで一緒に加熱し、昆布を取り出して、さらに5～6分コトコト煮るのですが、ここがポイントです。これで、煮干しの生臭みが消え、味も香りもクリアなだしとなります。煮干しだけでとる方法もありますが、私は昆布を足してうまみを補強しています。

煮干しだしの魅力は、なんといっても、力強い、骨太なしっかりした味わい。具だくさんのみそ汁は、ぜひ、煮干しのだしで作りましょう。また、豚肉や切干し大根、納豆などくせや個性のある素材を生かしたいときに、雑味がおいしさでもあるうどんだしにも欠かせません。

煮干しだしのとり方

◎材料（約0.8ℓ分）

煮干し 30g（約17尾）

昆布 10g

水 1ℓ

◎作り方

1 煮干しは頭を背のほうに折り取り、身を開くようにしてはらわたを取り除き、正味20gを指先で半身に裂く。

2 鍋に煮干し、昆布、分量の水を入れて一晩おく。

3 一晩おいた**2**の鍋(左)をそのまま中火にかける。あくが出たら、あくすくいで丁寧にすくい取る。

4 昆布のまわりにぷつぷつと泡がついてきたら、昆布を取り出す。

5 そのまま煮干しだけで加熱し、煮立つ直前くらいの火加減で、5〜6分ほどコトコト弱火で煮て、煮干しを取り除く。煮干しはしっかりと煮ることで、生臭みが抜ける。

煮干しだし

じゃがいもと玉ねぎのみそ汁

みそ汁には、古くから煮干しが多く使われてきました。それは、日本のどこの沿岸でもとれる煮干しが、だしとして、かつおと昆布よりも日常的だったからです。野菜の甘みがたっぷり出る具だくさんのみそ汁には、特に煮干しだしの骨太なうまみが向いています。煮干し、野菜、みそが一つになったみそ汁は、どこか懐かしい味わいです。

材料（2人分）

じゃがいも　½個（70g）
玉ねぎ　½個（100g）
煮干しだし　1½カップ
合せみそ　20g（越後みそ10gと仙台みそ10gなど好みのみそで）

作り方

1　じゃがいもは皮をむき、1cm厚さに切る。真ん中の大きいところは半分に切る。
2　玉ねぎは7mm幅のくし形に切る。
3　鍋に煮干しだしとじゃがいもを入れて火にかけ、じゃがいもに火が通りはじめたら玉ねぎを加える。
4　野菜が煮えたらみそをみそこしで溶き入れ、ぐらっと沸いたら火を止める。

煮干しだし

油揚げと小松菜のみそ汁

油揚げのようにうまみがしっかりした具材を使うときも、煮干しのだしのしっかりとした味わいが生きてきます。そのためにも、煮干しと昆布は一晩水につけて、充分うまみを出してから火にかけることが大切です。こうして丁寧にとった煮干しのだしのうまみは、かつおだしに勝るとも劣らぬ品のよさです。

材料（2人分）

油揚げ　½枚（20g）
小松菜　3株（50g）
煮干しだし　1½カップ
辛口の赤みそ（仙台みそなど好みで）　20g

作り方

1 油揚げは小鍋で1～2分ゆでて油抜きし、横半分に切り、さらに1.5cm幅に切る。
2 小松菜は4cm長さに切る。
3 鍋に煮干しだしを入れて火にかけ、沸騰したら、油揚げを加えて3～4分煮、小松菜を加える。再び沸騰したら、みそをみそこしで溶き入れ、ぐらっと沸いたら火を止める。

小鍋に湯を沸かし、油揚げを入れて1～2分ゆでて、余分な油を抜く。しっかりと油抜きするのが、あっさりと上品な味わいに仕上げるこつでもある。

煮干しだし

納豆汁

納豆のように味の強い、くせのあるものこそ、煮干しだしが本領を発揮します。かつおだしでは納豆に負けてしまうところ、パンチのある煮干しだしなら、納豆の個性を引き立てるからです。濃厚な二つのうまみが一つになった納豆汁は、好きな人にはたまらないおいしさです。

材料（2人分）

ひき割り納豆　1カップ（40g）
オクラ　2本
　塩　適宜
長ねぎ　5cm
煮干しだし　1½カップ
淡色辛口の米みそ（信州みそ）　20g

作り方

1 オクラは塩をまぶして板ずりし、熱湯でゆで、5mm幅に切る。長ねぎは小口切りにする。

2 鍋に煮干しだしを入れて火にかけ、沸騰したらみそをみそこしで溶き入れる。軽くほぐした納豆、オクラ、長ねぎを入れ、ぐらっと沸いたら火を止める。

けんちん汁

大根、にんじん、ごぼう、里芋……、根菜類をこれほど好む国民はいないかもしれませんね。日本人の心のふるさと、みたいなおつゆです。根菜の香ばしいような土くささ、これがまた、煮干しの線の太いうまみと格別の相性なのです。

材料（4人分）
大根　4cm（200g）
にんじん　½本（70g）
ごぼう　10cm（60g）
蓮根　中5cm（50g）
里芋　中2個
油揚げ　1枚（40g）
こんにゃく　⅓枚
豆腐（木綿）　⅓丁（100g）
干ししいたけ　中2枚
サラダ油　大さじ1
煮干しだし　4カップ
煮干し（だしをとったもの）　4尾分
酒　大さじ1
うす口しょうゆ　大さじ1
塩　少々

作り方

1 干ししいたけは水でもどし、石づきを取り、薄切りにする。
2 大根とにんじんは皮をむき、小さめの短冊に切る。
3 ごぼうは皮をこそげて5mm厚さの輪切りにし、蓮根は皮をむいて半月に切り、水にさらす。
4 里芋は泥を洗い落とし、さっとゆでて皮をむき、四つ割りにする。
5 油揚げは熱湯で1〜2分ゆで、1.5cm幅に切る。豆腐は短冊に切る。
6 こんにゃくは短冊に切り、ゆでてあくを抜く。
7 厚手の鍋にサラダ油を熱し、里芋以外の根菜類を入れて軽く炒め、続いて里芋、油揚げ、こんにゃく、干ししいたけを加えて炒める。煮干しだし1カップと酒を加え、ふたをして蒸し煮にする。15分ほど煮て、野菜に八分どおり火が通ったら、残りの煮干しだしと煮干しを加えて一煮立ちさせ、うす口しょうゆ、塩で調味し、最後に豆腐を加えて温める。

厚手の鍋で野菜を炒め、少量のだしを加えて蒸し煮にする調理法は、フランス料理の蒸し煮の手法を応用。野菜の持ち味を引き出せる。オーブンに入れられる鋳物ほうろうの鍋なら、170℃のオーブンで20〜25分加熱。

煮干しだし

あじの南蛮漬け

熱々の揚げたてを合せ酢の中にジュッとつけて味を含ませる南蛮漬け。フランス料理のエスカベーシュのアレンジですが、だしをたっぷり加えて飲めるくらいのまろやかな加減に調えるのが、和風たるゆえん。できたてのおいしさは言わずもがなですが、次の日に食べるならだしを多めにあんばいを。

材料（2人分）

あじ　中2尾
小あじ　1パック（5〜6尾）
塩　少々
小麦粉、揚げ油　各適宜
紫玉ねぎ　$\frac{1}{4}$個（50g）
玉ねぎ　$\frac{1}{4}$個（50g）
しめじ　$\frac{1}{3}$パック（40g）
パプリカ（赤、黄）　各$\frac{1}{6}$個

南蛮酢

煮干しだし　1カップ
酢　大さじ4
うす口しょうゆ　大さじ4
みりん　大さじ1
砂糖　大さじ4
塩　少々
すだちのしぼり汁　1個分

すだち　1個

作り方

1 あじは三枚におろし、一口大に切る。小あじは内臓を取り除く。
2 紫玉ねぎと玉ねぎは、半月の薄切りにする。
3 しめじは石づきを取り、1本ずつにばらし、パプリカは縦1cm幅に切り、それぞれさっとゆでる。
4 バットに南蛮酢の材料を合わせ、2と3の野菜類を浸す。
5 あじと小あじに塩少々をふり、小麦粉を薄く全体にまぶし、180℃に熱した揚げ油でからりと揚げる。
6 揚げたてのあじを4の南蛮酢に入れ、味を含ませる。
7 器に6のあじと、野菜を盛り合わせ、スライスしたすだちを添える。

切干し大根の煮物

切干し大根、これも日本人のソウルフードの一つです。切干し大根自体にくせがありますから、力強い煮干しのだしがよく合います。上質な煮干しなら、一緒に煮て、煮干しごと食べると、食感のアクセントにもなり、うまみも増しておすすめです。

材料（4人分）
切干し大根（乾燥）　30g
煮干し　8g
昆布　3g
水　$1\frac{1}{2}$カップ
酒　大さじ1
うす口しょうゆ　大さじ$1\frac{1}{2}$
みりん　大さじ2
砂糖　大さじ$\frac{1}{2}$
濃口しょうゆ　小さじ1
粉山椒　適宜

作り方

1　煮干しの頭とはらわたを取り、半身に裂いて（50ページ参照）、昆布、分量の水と共に鍋に入れて一晩おく。

2　切干し大根は水の中でもみ洗いしたのち、水を替えて15〜20分もどす。ぎゅっと絞って水気をきり、3cm長さに切る。

3　**1**の鍋に調味料を入れ、**2**の切干し大根を加えて火にかけ、煮立ってきたら昆布を取り出し、弱火にして10分ほど煮る。火を止め、味を含ませる。

4　器に盛りつけ、粉山椒をふる。

煮干しだし

ひじきの煮物

副菜の中でも、最もといっていいほど人気の高い一品です。油でさっと炒め、さらに油揚げと一緒に煮ることで、油のうまみが加わってほどよいこくが出ます。鉢にたっぷり盛ればおばんざい風に、小皿に少量盛って突出しにと、いろいろに楽しめます。

材料（4人分）

芽ひじき（乾燥）　25g
蓮根　100g
にんじん　3cm（20g）
油揚げ　1枚（40g）
煮干しだし　1カップ
酒　大さじ2
砂糖　大さじ2½
濃口しょうゆ　大さじ2
うす口しょうゆ　小さじ1½
サラダ油　小さじ1

作り方

1　ひじきは約30分水でもどし、ざるに上げて水気をきる。

2　蓮根は皮をむいて、太さに応じて5mm厚さの半月からいちょう切りにする。にんじんは皮をむき、3cm長さのマッチ棒状に切る。

3　油揚げは熱湯で1〜2分ゆでて油抜きし、横半分に切り、7mm幅の細切りにする。

4　鍋にサラダ油を熱し、ひじきを入れてさっと炒め、蓮根、にんじん、油揚げも加えてさらに炒める。

5　煮干しだしと酒を入れ、沸騰したら砂糖を加えて2分ほど煮る。しょうゆを加えて弱火にし、煮汁が半量になるまで煮て、火を止め、味を含ませる。

きつねうどん

京都のきつねうどんは、だし汁を吸ったたっぷりの油揚げと青ねぎの相性を楽しむものです。そのだしは、かつおだけでも煮干しだけでもだめ。両方を合わせて、雑味まで含めて味を強くしたものでないと物足りなく感じてしまいます。京都ならではのしみじみとしたおいしさです。

材料（2人分）

油揚げ　2枚
（1枚40g、大判の京揚げなら1枚）
九条ねぎ（またはわけぎなど）　1/2束
ゆでうどん　2玉
煮干しだし　4 1/2カップ
だしパック（市販のだし用パックに削りがつお10gを詰めたもの）　1パック
A うす口しょうゆ　大さじ2弱
　塩　少々
　酢　小さじ1/2
　酒、みりん　各大さじ2
粉山椒（好みで）　少々

作り方

1 鍋に煮干しだしを沸かし、だしパックを加え、箸でさっとかき混ぜながらうまみを出して、取り出す。

2 油揚げは熱湯で1〜2分ゆでて油抜きし、流水で洗って水気をきる。横半分に切り、1cm幅の細切りにする。九条ねぎは斜め切りにする。

3 1にAの調味料を加えて火にかけ、ゆでうどん、2の油揚げと九条ねぎを加えて火を通す。だしパックを取り出して、どんぶりに盛り、好みで粉山椒をふる。

肉や魚などの素材でだしをとる

貝類

鯛の切り身

牛肉

鶏もも肉

鯛の切り身やあさり、はまぐりなどの魚介類、そして鶏肉、牛肉などの肉類、いずれも煮ている間においしいだしが出てきます。あらかじめだしをとらなくとも、素材から出るだし（うまみ）で充分においしく料理ができるのです。それでもやや物足りない料理（火を通す時間が短い、素材が切り身などで、うまみの含有量がそれほど多くないなど）には、市販のだし用パックに細かくもんだ削りがつおや粉にした煮干しを入れて一緒に煮て、うまみを補強してやれば、完璧です。あらかじめだしをとらなくとも、市販のだしのもとに頼らなくても、充分においしいおかずが作れることを、この章で実感してください。ここでは、だし用パックを使う場合の凡例となる手順を、キャベツと牛肉のあっさり煮を例にとって紹介しましょう。

だしパック

作り方

1 削りがつおをビニール袋に入れて手でもんで細かくし、だし用パックに詰める。

2 鍋に湯を沸かし、1と牛肉を加え、箸でさっとかき混ぜながら、うまみを出す。

3 切ったキャベツを加え、5分ほど一緒に煮る。

4 充分にかつお節のうまみが出たところで、1のだしパックを取り出す。

*うまみが出にくい豚肉を煮るときには、だしパックの中身を煮干しに替えるといい。その際は、頭と内臓を取り除いた煮干しをブレンダーやフードプロセッサーで粉砕して、だし用パックに詰める。煮干しの場合は水から加える。

キャベツと牛肉のあっさり煮

水と酒を沸かした中に、削りがつおのだしパックを入れて牛肉とキャベツを煮るだけ。うそみたいに簡単なのに品がいい、けれどしっかり味の入った煮物に仕上がります。肉と野菜の素材の持つうまみと、かつお節の相乗効果です。煮物って決して難しくない、ということを実感できるはずです。

材料（2人分）

キャベツ　$\frac{1}{3}$個（350g）
牛肉（切落し）　80g
水　$2\frac{1}{2}$カップ
酒　大さじ3
だしパック
（市販のだし用パックに削りがつお5gを詰めたもの）　1パック
砂糖　大さじ2
うす口しょうゆ　大さじ$2\frac{1}{2}$
濃口しょうゆ　小さじ2

作り方

1　キャベツは、芯を切り取って薄切りにし、あとは手で大きくちぎる。牛肉は一口大に切る。
2　鍋に分量の水と酒を入れて火にかけ、煮立ったらだしパックと牛肉を入れ、箸でさっとかき混ぜながら、うまみを出し（60ページ参照）、キャベツも入れて煮る。
3　キャベツがやわらかく煮えたら、2のだしパックを取り出し、砂糖、しょうゆを加えて味を調える。一呼吸おいて火を止め、器に盛る。

鯛とうどの
あら煮

鯛はもともとうまみの強い魚ですが、頭の部分はゼラチン質が豊富でうまみの宝庫。だから、そのまま煮るだけで、鯛の持っている滋味すべてが煮汁の中に凝縮されます。だからこそ、しっかり湯通ししてから水洗いして汚れを丁寧に落とし、生臭みを完全に取り除く下処理が大切です。

主菜

鯛とうどのあら煮

材料（2人分）
鯛のあら（頭の部分）　1尾分
うど（25cm長さ）　2本
煮汁
酒、みりん　各$\frac{1}{2}$カップ
水　$\frac{1}{4}$カップ
濃口しょうゆ　大さじ4
砂糖　大さじ2
うす口しょうゆ　大さじ1
塩　適宜

作り方

1 鯛のあらは4〜6等分に切り、熱湯でさっと煮て霜降りし、流水で洗ったのち、うろこや血合いを除く。鯛の頭はかたいので、切るのは魚屋さんに頼むといい。

2 うどは5cm長さに切って皮をむく。1本を残して、残りは5mm厚さの短冊切りにし、水に浸す。とりおいた5cm分は薄切りにしたのちせん切りにし、水にさらす。

3 鍋に煮汁の材料を合わせて火にかけ、煮立ったら**1**の下処理した鯛を入れ、落しぶた(あればだしをとった昆布で)をして、強めの中火で8分ほど煮る。

4 水気をきった**2**のうどを加え、煮汁が全体にからまるよう、鍋を回しながら2分ほど煮る。

5 器に鯛とうどを盛り合わせ、針うどを添える。

鯛の頭は熱湯の中でさっと煮て霜降りし、流水で丁寧に洗い、うろこや血合いを取り除き、ペーパータオルで水分を取る。その後、煮立った煮汁の中へ入れて煮る。沸騰する前の煮汁に入れると、臭みが残ってしまうので注意する。

鯛とうどのあら煮の献立

献立を立てるうえで、いちばん大切にしていることは季節感です。桜鯛という言葉があるように、鯛は春先に一段とおいしさを増します。値段の張る高級魚ですが、頭は意外にもリーズナブル。それでいて見栄えがするので、季節感を強調したいときにもぴったりの素材です。豪快にあら炊きにして、うどで春の香りを添えたら、おかずを受け止めるご飯物にも、青豆を炊き込んで春を満喫したいものです。おつゆには黄色も愛らしいかき玉汁を添えれば春爛漫です。

汁

かき玉汁
作り方は19ページ

＋

飯

青豆ご飯
作り方は13ページ

鯛とはまぐりの雪《ゆき》間《ま》鍋

じっくりはまぐりからうまみを引き出しただしの中で、鯛の切り身にさっと火を通していただく。鬼おろしでおろした大根おろしをたっぷりのせ、合間にせりを散らします。濃厚なはまぐりのだしで煮る鯛のおいしいこと。大根おろしとゆずしょうゆでいただきます。雪間というきれいな名前は母、千澄子の命名です。

主菜

鯛とはまぐりの雪間鍋

材料（2人分）
鯛の切り身　3切れ（約200g）
はまぐり　6個
大根　½本（600g）
せり　½束（30g）
昆布　9g
水　3カップ
A 酒　大さじ2
　みりん　大さじ1弱
　うす口しょうゆ　大さじ1弱
ゆずしょうゆ
　ゆずのしぼり汁　大さじ2½
　濃口しょうゆ　大さじ2

作り方

1　土鍋に分量の水と昆布を入れて、一晩おく。
2　鯛の切り身は食べやすい大きさに切る。はまぐりは殻をよくこすり洗いする。
3　大根は皮をむき、鬼おろしでおろし、ざるに上げてほどよく水分をきる。せりは5cm長さに切る。
4　1の土鍋にはまぐりを入れて火にかけ、弱火で10分くらいかけてゆっくり加熱する。途中あくを取り、はまぐりの口が開いたら昆布と共に取り出し、そのまま沸騰させる。
5　煮立ったところでAの調味料を加え、鯛を入れる。鯛に火が通ったらはまぐりを戻し、大根おろし、せりを加え、再び沸騰したらでき上り。
6　ゆずしょうゆの材料を合わせる。5を小鉢にとり、ゆずしょうゆでいただく。

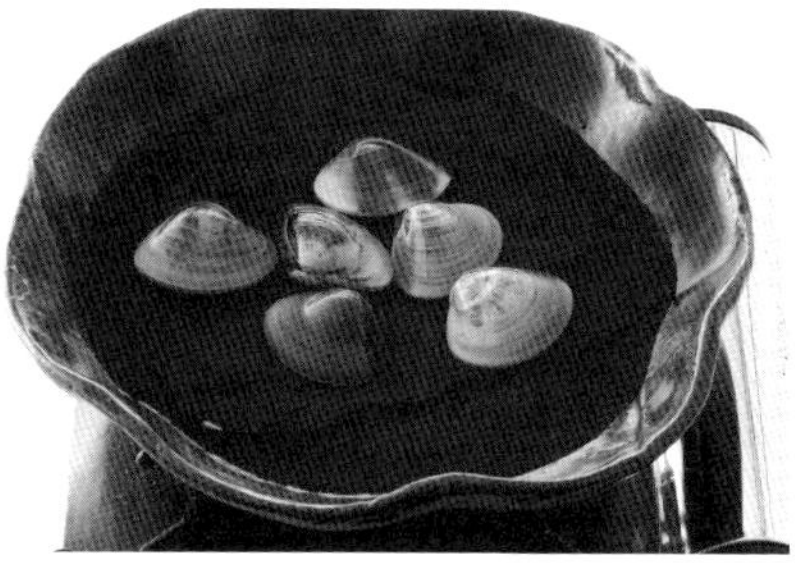

昆布を浸した鍋にはまぐりを入れ、火にかける。弱火でじっくり加熱することで、充分にはまぐりのうまみが出る。

鯛とはまぐりの雪間鍋の献立

はまぐりでだしをとった中で鯛の切り身をさっと煮ながらいただく、早春のごちそう鍋。家で鍋を楽しむ機会はたびたびありますが、鍋はそれ一品で完結するので、献立の立て方は意外に難しいものです。食卓で鍋が煮えるのを待つ間に食べられる突出しのようなものをプラスするといいでしょう。鍋の味を邪魔せず、品がよく、気の利いているものとなると、たとえばおからなどもいいですね。京都風にたっぷりのだしで煮るおからなら、鍋がいっそう楽しみになります。

副菜

京風しっとりおから
作り方は27ページ

あさりと菜の花の煮びたし

もちろんあさりのむき身からうまみは出ますが、殻つきではないので若干物足りない……。そんなときには、削りがつおを詰めただしパックが強い味方です。うまみの相乗効果で早春ならではのほろ苦い菜の花も、優しい味に仕上がります。

作り方68ページ

ぶり大根

いろいろな煮方がありますが、大根を煮る際に、ぶりの煮汁を足すという、別々に煮て合わせる手法が、それぞれの素材の持ち味が生きるようで、私は好きです。ぶりのうまみを含んだ大根と、豪快に煮上げたぶりは、冬のごちそうです。

鶏の丸《がん》とかぶら、わかめの和風スープ

ひき肉類はかたまりの肉に比べて、短時間で味が出るのが利点。調味料を加えてよく練った丸(肉だんご)を生から煮れば、それだけで充分なうまみが出て、その味を吸い込んだ野菜もおいしくなります。

作り方69ページ

シーチキン、飛竜頭、菊菜の煮物

シーチキンや飛竜頭など、毎日のおかずになる素材からも充分にうまみが出ます。普段は和風の素材とは意識していないシーチキンも、なまり節のようなものと考えれば、合点がいくでしょう。飛竜頭、つまりがんもどきはいわずもがなです。

あさりと菜の花の煮びたし

●材料（2人分）
あさりのむき身　60g
菜の花　½束（80g）
水　1カップ
だしパック
　（市販のだし用パックに
　削りがつお5gを詰めたもの）　1パック
濃口しょうゆ　小さじ1
酒　大さじ1
みりん　大さじ1
塩　適宜
削りがつお（好みで）　少々

●作り方
1　菜の花は茎のかたいところを切り取り、さっと塩ゆでして水にとり、水気を絞って3cm長さに切る。
2　あさりのむき身は水でさっと洗い、ざるに上げて水気をきる。
3　鍋に分量の水とだしパックを入れて火にかけ、沸騰したらしょうゆ、酒、みりん、塩少々を加える。菜の花を入れ、再度沸騰したらあさりのむき身を加えてさっと煮る。
4　器に盛り、好みで削りがつおをふる。
●煮る時間が短いので、削りがつおのだしパックでも水から入れる。

写真66ページ

ぶり大根

●材料（4人分）
ぶりのかま　500g
大根　½本（600g）
水　¾カップ
A酒　¾カップ
　濃口しょうゆ　大さじ3
　みりん、砂糖　各大さじ1
　しょうが（薄切り）　4〜6枚
B水　1カップ
　酒　大さじ1½
　塩　小さじ⅓
　だしパック
　　（市販のだし用パックに
　　削りがつお5gを詰めたもの）
　　1パック
ゆずの皮　適宜

●作り方
1　ぶりのかまは食べやすい大きさに切り、熱湯で表面が白くなるまでゆでて霜降りし、冷水で洗い、血合いや汚れを取り除いておく。
2　大根は2.5cm厚さの輪切りにし、皮をむき、竹串がすっと通るまで下ゆでする。
3　鍋に分量の水を煮立ててAを加え、1の下処理したぶりを入れ、ふつふつ煮立つ程度の火加減で煮汁が½カップになるまで約20分煮る。
4　別鍋にBの水、酒、塩を合わせて沸かし、下ゆでした大根を入れ、3のぶりの煮汁大さじ2を足し、だしパックを加えて弱火で約20分、やわらかくなるまで煮る。
5　ゆずの皮は薄くへぎ、白いわたの部分をそぎ、せん切りにする。
6　器にぶりと大根を盛り合わせ、ゆずの皮のせん切りを添える。

●竹串がすっと通るほどにやわらかく下ゆでした大根の鍋に、とろりとほどよく煮つまったぶりの煮汁を加えてさらに煮て、ぶりのうまみと風味を移す。

鶏の丸とかぶら、わかめの和風スープ

●材料（2人分）
- 鶏ももひき肉　100g
- かぶ　中3個
- わかめ（塩蔵）　15g
- A片栗粉　小さじ1½
  - 酒　大さじ1½
  - 塩　少々
  - しょうがのしぼり汁　少々
- 昆布　10g
- 水　2½カップ
- B酒　大さじ2
  - 塩　小さじ½
  - うす口しょうゆ　少々

●作り方

1　かぶは茎を1cmほど残し、皮をむいて縦半分に切る。わかめは塩を洗い流して水でもどし、一口大に切る。

2　鶏ももひき肉にAを加え、粘りが出るまでよく練る。

3　鍋に分量の水と昆布を入れて中火にかける。沸いたら**2**を球状に絞り出し、鍋の中に入れる。

4　鶏の丸に火が通ったら、続いてかぶを加えて煮る。かぶに火が通ったらBの調味料を加え、3〜4分煮て最後にわかめを加え、一煮立ちさせて火を止め、器に盛る。

●早春の味、生の新わかめがあればぜひ使いたい。その際は、さっと熱湯にくぐらせて水洗いし、ざく切りにする。磁器製の鍋型の器に入れて出せば、楽しさもひとしお。

●粘りが出るまでよく練った鶏ひき肉を左手で握り、丸めた親指と人さし指の間からぴゅっとだんご状に絞り出し、右手に持ったスプーンですくって沸いた鍋の中に落とす。

写真67ページ

シーチキン、飛竜頭、菊菜の煮物

●材料（2人分）
- シーチキン（ブロックタイプ）　1缶（60g）
- 飛竜頭（がんもどき）　4個
- 菊菜　1束（75g）
- 昆布　5g
- 水　2カップ
- 砂糖　小さじ1
- 酒　大さじ1
- うす口しょうゆ　小さじ2

●作り方

1　飛竜頭は熱湯で2〜3分ゆでて、余分な油を抜く。

2　鍋に分量の水と昆布を入れて、弱火にかける。沸いたら調味料、シーチキン、飛竜頭を入れ、弱火で15分ほど煮る。一度火を止めて味を含ませる。

3　供するときにもう一度火にかけ、沸騰したら5cm長さに切った菊菜を加えてさっと火を通す。飛竜頭、シーチキン、菊菜を盛り合わせ、煮汁を張る。

●飛竜頭は熱湯の中で2〜3分しっかりゆでて油を抜く。この下処理をすることで味も含みやすくなる。

スペアリブ、蓮根、さつまいもの甘酢煮

ボリュームたっぷりのスペアリブの煮物です。調味料と水を合わせた煮汁の中で煮るだけで、たっぷりのうまみが出ますから、だしは不要です。バルサミコの濃厚な甘酸っぱさが味つけのポイントです。スペアリブは長く煮ると、かえってぱさつくので、30分くらいで煮上げるのがポイントです。

主菜

スペアリブ、蓮根、さつまいもの甘酢煮

材料(4人分)
スペアリブ(豚の骨つきバラ肉) 500g
(長いものは肉屋で半分に切ってもらう)
蓮根 150g
さつまいも 200g
芽キャベツ 8個
オリーブ油 大さじ1
酒、水 各1カップ
みりん 大さじ3
バルサミコ酢 ½カップ+大さじ2
うす口しょうゆ 大さじ1½

作り方
1 蓮根は皮をむいて乱切り、さつまいもは皮つきのまま1.5cm厚さの輪切りにする。芽キャベツはゆでておく。
2 厚手の鍋にオリーブ油を温め、スペアリブの表面を焼きつけ、バルサミコ酢大さじ2をからめる。
3 2の鍋に煮きった酒(8ページ参照)、分量の水、みりんを入れて火にかけ、温まったら1の蓮根とさつまいもを加える。煮立ったら火を弱め、あくを取る。
4 ふたをして、15~20分そのまま弱めの中火で煮、肉と野菜がやわらかくなったら残りのバルサミコ酢½カップとうす口しょうゆを加え、さらに4~5分煮る。
5 ゆでた芽キャベツも加えてさっと火を通し、器に盛る。

スペアリブ、蓮根、さつまいもの甘酢煮の献立

夏の暑い日に、がつんとパンチのきいたおいしいものをいただきたい。そんな気分のときに、ぴったりの組合せです。スペアリブは、バルサミコ酢入りの煮汁でやわらかく煮て、食欲をそそる甘酸っぱさに仕上げます。組み合わせる野菜は、夏らしい甘長とうがらしの焼きびたしでさわやかに。さらにビシソワーズばりの、じゃがいものポタージュを添えれば、お客さまに出せる、ひと工夫のある楽しい組合せです。

副菜

甘長とうがらしの焼きびたし
作り方は26ページ

+

汁

じゃがいものポタージュ
作り方は12ページ

主菜

肉豆腐

◉材料（2人分）
牛肉（切落し） 120g
豆腐（木綿） 小1丁（250g）
青ねぎ（九条ねぎ、わけぎなど） 2本
しらたき 60g
水 1カップ
酒 大さじ2
砂糖 大さじ3
濃口しょうゆ 大さじ3½

◉作り方
1 牛肉は一口大に切る。豆腐は2cm厚さの3cm角に切る。
2 青ねぎは斜め切りにし、しらたきは熱湯で5分ほどゆでてあくを抜いてから、3〜4cm長さに切る。
3 鍋に分量の水と調味料を合わせて火にかけ、煮立ったら**1**の牛肉と豆腐、**2**のしらたきを加え、5分ほど煮る。次いで青ねぎを加えてさっと火を通す。
4 器に牛肉、豆腐、青ねぎ、しらたきを盛り合わせる。

肉豆腐の献立

まず嫌いな人のいない肉豆腐ですから、何と組み合わせても楽しい食事になりますが、ここでは、あさりと菜の花の煮びたしを添えて、すっきりとした献立にしました。菜の花のほろ苦さが、肉豆腐のほのかな甘さを引き立て好相性です。汁物はシンプルにじゃがいもと玉ねぎのみそ汁です。新じゃがで作れば、菜の花とともに、春の息吹が感じられることでしょう。物足りない向きには、もう一品、お刺身や焼き魚などを加えてもいいですね。

副菜

あさりと菜の花の煮びたし
◉作り方は68ページ

＋

汁

じゃがいもと玉ねぎのみそ汁
◉作り方は52ページ

肉豆腐

日本人の大好きなすきやきの素材を、割り下を薄くのばした煮汁で煮ると、これまた誰もが好きなおかずになります。すきやきにだしがいらないことを考えれば、薄味の肉豆腐だってだしいらずでOKと、納得がいきます。うまみの出る肉、うまみを出しながらもうまみを吸い込む豆腐、そしてアクセントとなるねぎとしらたき、鉄壁の組合せです。

主菜

筑前煮

材料（4人分）
- 鶏もも肉（皮つき）　1枚
  - 酒　大さじ1
- にんじん　1本（130g）
- 蓮根　150g
- 里芋　200g
- ごぼう　10cm（80g）
- 干ししいたけ　3枚
- いんげん　6本
  - 塩　適宜
- サラダ油　大さじ1
- 水　$\frac{3}{4}$カップ
- 酒　大さじ2
- だしパック（市販のだし用パックに削りがつお5gを詰めたもの）1パック
- 砂糖　大さじ1$\frac{1}{2}$
- みりん　大さじ1
- 濃口しょうゆ　大さじ2

作り方

1 鶏肉は一口大に切り、酒をふりかけておく。

2 根菜類は皮をむき、にんじんは乱切り、蓮根は長めの乱切りに、里芋は大きければ半分に切る。ごぼうは皮をこそげ、乱切りにする。干ししいたけは水でもどし、軸を取り、4〜6等分に切る。

3 いんげんはなり口を落とし、塩ゆでし、冷水にとってから、半分に切る。

4 厚手の鍋にサラダ油を入れて中火にかけ、1の鶏肉をさっと炒め、続いて2の野菜を加えてさっと炒める。

5 4の鍋に分量の水と酒を入れ、煮立ったらだしパックを加えて弱火にし、ふたをして野菜がやわらかくなるまで10分煮る。

6 充分に野菜のうまみを引き出してからだしパックを取り出し、砂糖とみりんを加えて混ぜ、ふたをして5分ほど煮る。

7 最後に濃口しょうゆを加えて全体を混ぜ合わせ、ふたをして8分ほど煮る。器に盛り、仕上げに3のいんげんを散らす。

厚手の鍋にサラダ油を熱し、まず鶏肉を炒める。表面の色が変わったら切った野菜類を入れて炒め、全体に油がからんだらOK。油の膜を作ってから煮込むことで、まろやかなこくが出る。

筑前煮の献立

昔ながらに、コンサバティブ（保守的）な、正統派の料理3品を合わせて献立を組みました。このようにトーンや時代感の方向性をそろえることも、違和感なく味わえる献立の組み方のこつです。筑前煮も茶碗蒸しも、一度は作ってみたい憧れの和のおかずの代表選手でしょう。時代を超えて受け継がれてきた料理の正しい作り方を知っておくことは、やはり大切です。

前菜

刺身

好みの刺身を盛りつける。写真はまぐろとはまち、いかの盛合せ。

＋

副菜（汁代り）

茶碗蒸し

作り方は22ページ

筑前煮

根菜類と鶏肉を合わせて煮る、和の煮物の一つの典型です。これまでは、「ひたひたの煮汁に落しぶた」が鉄則でしたが、ここでは少ない煮汁で蒸し煮にする、フランス料理の技法を応用しました。根菜の持ち味がより深く引き出され、味も香りも凝縮されます。

薄切り豚肉とたけのこ、ふきの煮物

最も家庭でよく買う肉の一つが豚の薄切り肉です。これは牛肉と違い、さっと煮るだけではうまみが出にくいのですが、だしパックで補えば、たけのこやふきなどの味が入りにくい野菜と合わせても、おいしくいただけます。豚肉は若干くせもありますから、煮干しを粉にしただしパックが合います。

材料（2人分）

豚もも肉しゃぶしゃぶ用　70g
ゆでたけのこ　小½本（130g）
ふき　中2本
　塩　適宜
水　1½カップ
だしパック（市販のだし用パックに
　粉砕した煮干し5gを詰めたもの）
　1パック
みりん　大さじ2
うす口しょうゆ　大さじ1½
塩　少々
木の芽　適宜

作り方

1 ふきは鍋に入る長さに切り、塩をまぶして板ずりし、熱湯で3～4分ゆで、冷水にとってから皮をむく。4cm長さの斜め切りにする。

2 ゆでたけのこは縦6～8等分に切る。

3 鍋に分量の水とだしパックを入れて火にかけ、煮立ったらそのまま3分ほど中火で煮てうまみを出す。調味料を加えて味つけし、豚肉、たけのこを入れて3分煮る。1のふきを加えて、さらに2分煮て火を止める。

4 豚肉、たけのこ、ふきを盛り合わせ、煮汁を張り、木の芽を添える。

素材だし

里芋と鶏肉の煮物

だしにはうまみをプラスするという効果と、和風の味に調えるという二つの役目があります。もしも、この料理にだしを加えずに水だけで煮たら、他の国の料理になってしまいます。かつお節のだしパックを加えて煮ることで、和風の味にもっていくことができる。それがだしの役目であり、力なのです。

材料（4人分）

里芋　5〜6個（約400g）
鶏もも肉　100g
　酒　大さじ2〜3
水　2カップ
だしパック（市販のだし用パックに
　削りがつお8gを詰めたもの）　1パック
砂糖　大さじ2
みりん　大さじ1½
うす口しょうゆ　大さじ1½
濃口しょうゆ　大さじ1
ゆずの皮　適宜

作り方

1 里芋は洗って泥を落とし、さっと表面だけゆでて皮をむく。

2 鶏肉は大きめの一口大に切り、鍋に入れ、酒をふって酒いりする。

3 2の鍋に分量の水を足し、沸いたらだしパックを入れ、1の里芋を加えてさらに煮る。再び煮立ったら弱火にし、里芋がやわらかくなるまで煮る。

4 続いて砂糖を加え、一呼吸おいてみりん、しょうゆを加え、5〜6分煮る。器に盛り、ゆずの皮を小さくそいでのせる。

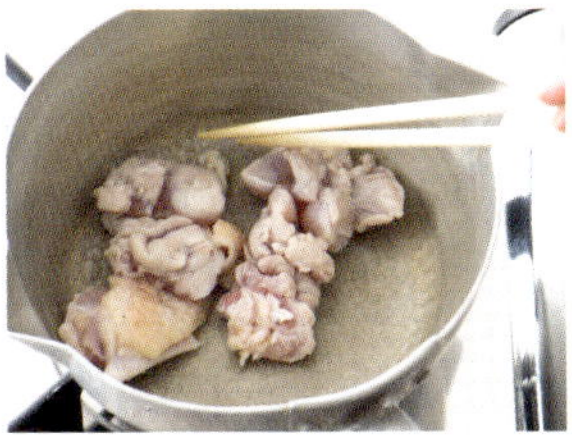

鶏肉は大きめの一口大に切り、鍋に入れ、酒をふって中火にかけ、箸で混ぜながら加熱する。これを酒いりといい、鶏の臭みを消すための下処理。

豚汁

豚肉、根菜、みそ、この三つの要素のどれからもうまみが出ますから、あらかじめとっただしの中で煮なくても充分です。煮干しのだしパックでもう一押し深みをプラスすれば、あー、日本人に生まれてよかった、そんな懐かしいおいしさに仕上がります。

汁

豚汁

○材料（4人分）
豚もも肉　100g
にんじん　4cm（80g）
ごぼう　½本（70g）
大根　10cm（300g）
里芋　2個（200g）
こんにゃく　½枚（70g）
サラダ油　大さじ1
水　4カップ
だしパック（市販のだし用パックに粉砕した煮干し8gを詰めたもの）1パック
みそ（信州みそなど好みで）　40g
長ねぎ　½本

○作り方
1　豚肉は一口大に切る。
2　にんじんは皮をむき、ごぼうは皮をこそげて、それぞれ細めの乱切りにする。大根は皮をむいて7mm厚さのいちょう切りにする。里芋は洗って泥を落とし、さっと表面だけをゆでて皮をむき、4等分に切る。こんにゃくはスプーンで1.5cm角にちぎり、水から5分ほどゆでてあくを抜く。
3　鍋にサラダ油を熱し、豚肉をさっと炒め、にんじん、ごぼう、大根、里芋、こんにゃくを加えて炒める。油がなじんだら分量の水を加え、煮立ったらあくを取り、だしパックを入れて火を弱め、20分ほど煮る。
4　野菜がやわらかくなったらみそをみそこしで溶き入れ、斜め切りにしたねぎを加えて、さっと火を通し、器に盛る。

○野菜が充分にやわらかくなってから、みそをみそこしで溶き入れる。

豚汁の献立

根菜から豚肉まで具だくさんの豚汁なら、主菜に近い楽しみ方をすることもできます。だからメインに鮭のバター焼きをもってくれば、バランスもちょうどいい。肉、魚と、バラエティに富んで楽しめるのはもちろん、豚汁の庶民的な味わいと、バター焼きのシンプルな、けれどこくのある、ちょっと洋食的なおいしさがよくなじみます。副菜に酢の物を添えて、さっぱりとした箸休めに。

主菜

鮭のバター焼き

○生鮭の両面に塩をし、小麦粉を薄くふる。フライパンにバターを熱して、鮭の両面を焼く。

＋

副菜

ささ身の酢の物

○作り方は31ページ

乾物でだしをとる

干ししいたけ、干しえび、干し貝柱……、さらに昆布とかつお節まで含めても、日本のだしは乾物からとるものであることがよくわかります。それが、西欧の、生の肉や魚を煮てとるだしとは大きく違うところです。

太陽の光や風に当てて干すことで、うまみ成分が凝縮した乾物類は、本来は保存のために編み出された先人の知恵でした。それらを再度食べるために水でもどす過程で、うまみを含んだだしの存在に気づいたのでしょう。

乾物のだしを上手に使うこつは、時間をかけてゆっくりもどすことにつきます。

たとえば、干ししいたけをぬるま湯でもどす場合と、冷蔵庫の中で一昼夜かけてもどす場合とでは、アミノ酸の出方がまったく違うそうです。ましてや、時間がないからと熱湯や電子レンジでもどしては、うまみを出しきることができません。

かつお節や昆布との違いは、もどし汁をだしとして使うだけでなく、その乾物ごと味わうことができる点。楽しみの一つです。

干しえび

中国料理でもよく使う素材ですが、日本でも瀬戸内、九州など、近海でえびが多くとれる地方では、古くから干したえびでだしをとっていました。独特の甘みと香ばしさがあるのが特徴です。ただ、ふくよかなうまみには欠ける部分もありますので、昆布と合わせてもどすと、和のやわらかい味わいが出てきます。

●材料（約300mℓ分）

干しえび　20g

昆布　10g

水　2カップ

●もどし方

ボウルに干しえびと昆布、分量の水を入れて一晩おく（写真は一晩おいた状態）。もどした干しえびと昆布をもどし汁と共に鍋に移し、調理したい材料を加えて加熱。沸騰直前に昆布を取り除き、えびはそのまま煮上りまで一緒に煮る。

干ししいたけ

すべての乾物をもどすときにいえることですが、泳ぐようにたっぷりの水分量の中でもどすと、うまみが薄まってしまってもったいない。必要最小限の水でもどすことが、うまみを有効に利用するこつです。

●材料（約300mℓ分）

干ししいたけ　2枚

水　500mℓ

●もどし方

体積が大きな干ししいたけは、ボウルにぎりぎりの量の水としいたけを入れ、ラップを水面にはりつけるようにかける「落しラップ」（写真右）をして、少ない水分をまんべんなく行き渡らせる。そうすると、充分均一にもどるだけでなく、濃厚なだしがとれる。しいたけのもどし汁だけでは強いので、煮物のだしとしては、昆布だしやかつおだしで割って使う。

干し貝柱

一般的にだしとして使われる乾物の中では、最も高価な素材です。独特の品のいい甘みや、くせのないやわらかなうまみが特徴といえます。

●材料（約300mℓ分）

干し貝柱　6個（40g）

水　2カップ

●もどし方

干し貝柱を分量の水に浸し、そのまま一晩おく。鍋にもどした貝柱をほぐして入れ、もどし汁と共に大根などの素材とそのまま一緒に煮る。大根、かぶ、冬瓜、白菜、鶏肉、おかゆなど、白い素材と相性がよく、塩での調味がよく合う。

なすの丸炊き干しえび風味

なすほど和風、洋風といろいろな調理法と相性のいい素材はありません。乾物のえびとの相性は、先人が中国料理に学んだのでしょうか。けれど、昆布を加えて煮、しょうゆが加わることで、完全な和風の仕立てになります。それが、だしの料理における役割です。

作り方82ページ

副菜

なすの丸炊き 干しえび風味

●材料(4人分)
なす　4本
干しえび　約20尾(12g)
昆布　8g
水　3カップ
うす口しょうゆ　大さじ1強
濃口しょうゆ　大さじ½
酒　大さじ2
みりん　大さじ2
砂糖　小さじ2
おろししょうが　適宜

●作り方
1　鍋に分量の水、干しえびと昆布を入れて一晩おく。
2　なすはへたを落とし、上下を少し残して皮目に5㎜幅に縦に浅い切り目を入れ、水に放しておく。
3　1の鍋になすと調味料を加え、鉄玉子も加えて火にかける。煮立ったら昆布を取り出して弱火にし、取り出した昆布を落しぶたにして30～40分、やわらかくなるまで煮る。
4　そのまま一晩おき、食べる直前に温めて器に盛り、おろししょうがを添える。好みで干しえびも盛りつける。
★鉄玉子(市販の鉄のかたまり)は、なすの色を出すために入れる。なすが冷めていく間に、だんだんと鮮やかな藍色が出てくる。なければ鉄鍋で煮るといい。

写真81ページ

●もどした干しえびと昆布を取り出さずに、そのままなすと調味料を加え、火にかける。沸いたら昆布だけを取り出して上にかぶせ、さらにコトコト煮てえびの風味を移す。

なすの丸炊き干しえび風味の献立

丸なすと干しえびの煮物は古くからの京都のおばんざいですが、夏から秋へかけて必ず一度や二度は食べたくなる料理です。どこかに郷愁もあるのかもしれません。そんなおかずにぴたりとはまるのが、あじを素揚げにしてからだしたっぷりの合せ酢に浸していただく、あじの南蛮漬け。えびの風味のなすと、揚げたあじのおいしさもぴったりです。小皿の枝豆はもう必然。余裕があるときは、トマトの赤だしを添えれば、おもてなしにもなる立派な献立です。

主菜

あじの南蛮漬け

●作り方は56ページ

＋

小品

枝豆

●なり口を切り、塩を加えた熱湯でゆで、水気をきって塩をまぶす。

干し貝柱とかぶの煮物

写真84・85ページ

材料(2人分)
干し貝柱　6個
水　2½カップ
かぶ　4個
かぶの葉　少々
みりん　大さじ1
うす口しょうゆ　小さじ2
塩　少々

作り方
1 鍋に分量の水と干し貝柱を入れて一晩おく。
2 かぶは皮をむき、半分に切る。かぶの葉は5cm長さに切り、ゆでておく。
3 1に調味料とかぶを加えて中火にかけ、沸騰したら弱火にして落しぶた(あればだしをとった昆布で)をし、7~8分、竹串を刺してすっと通るまで煮る。煮汁は常にひたひたを保つよう、少なくなったら水を足す。
4 かぶの葉を加え、1~2分煮て、器に盛る。

私流ブッダジャンピングスープ

材料(4人分)
干し貝柱　5個
干ししいたけ
　4枚(25g)
鶏手羽中肉
　5本(約300g)
　酒　大さじ2
にんじん　⅔本(150g)
ごぼう　15cm(40g)
昆布　20g
みりん　大さじ2
うす口しょうゆ
　小さじ½~1
芽ねぎ　適宜

作り方
1 二つのボウルに干し貝柱と干ししいたけを入れ、それぞれひたひたに水を注ぐ。干ししいたけは落しラップをかけ(80ページ参照)、一晩かけてゆっくりもどす。
2 貝柱がやわらかくなったら手で粗くほぐす。しいたけは軸を取り、4等分に切る。両方のもどし汁をこし、水を合わせて5カップにする。
3 にんじんは皮をむき、4mmの輪切り、ごぼうは皮をこそげ、2mmの輪切りにする。
4 厚手の鍋に鶏肉と酒を入れて酒いりし、2のもどし汁と水を入れ、干し貝柱、干ししいたけ、にんじん、ごぼう、昆布、みりんを加え、中火にかける。
5 煮立ったらあくを取り、ふたをして、170℃のオーブンに入れ、40分蒸し煮にする。オーブンから取り出して弱火にかけ、うす口しょうゆを加えて調味する。昆布を残して、器に盛り、芽ねぎを添える。
★じか火の場合は弱火で30分ほど煮る。水分が不足しないよう、随時水を足す。

干ししいたけと焼き豆腐、菜の花の炊合せ

材料(2人分)
干ししいたけ　2枚(15g)
水　3カップ
焼き豆腐　½丁(150g)
菜の花　¼束
　塩　少々
A酒　大さじ1
　みりん　大さじ1
　うす口しょうゆ　小さじ2弱
　砂糖　小さじ2弱
　塩　少々
パルミジャーノ・レッジャーノ
　適宜

作り方
1 干ししいたけにひたひたの水を加え、落しラップをかけ(80ページ参照)、一晩おいて、ゆっくりもどす。もどし汁に水を加えて2½カップにする。
2 菜の花はさっと塩ゆでし、冷水にとって3cm長さに切り、水気を絞る。
3 鍋に1の干ししいたけのもどし汁と水、Aを合わせ、もどした干ししいたけを加え、弱めの中火で20分煮る。
4 しいたけが充分に味を含んだら、六等分した焼き豆腐を入れて温め、菜の花とすりおろしたパルミジャーノ・レッジャーノ大さじ⅔を加えて、さっと温める。
5 器にしいたけ、焼き豆腐、菜の花を盛り合わせ、パルミジャーノ・レッジャーノを薄く削って添える。

干し貝柱とかぶの煮物

乾物の中でも、ほのかに甘い、貝柱の品のいいうまみは別格。かぶなどの根菜、白菜など葉野菜によく合います。ゆっくりと時間をかけて水でもどし、もどした汁の中でじっくりと煮ることがおいしく作るポイントであることは、乾物のだしの料理全般にいえることです。

作り方83ページ

私流ブッダジャンピングスープ

中国には、「佛跳牆《ぶっちょうしょう》」という、乾物に水を加えて数時間蒸すことで、〝僧侶が塀をとび越えてくるほど香り高い〟名物スープがあります。それを私なりに解釈したのがこちら。もどした乾物と鶏肉、根菜を火にかけ、沸騰したらオーブンに移し、じっくり蒸し煮にします。

干ししいたけと焼き豆腐、菜の花の炊合せ

昆布のグルタミン酸とかつお節のイノシン酸が出合うことでうまみが飛躍的に増幅され、日本のだしが完成したことをベースに、干ししいたけを昆布に、パルミジャーノ・レッジャーノをかつお節に見立て、この二つを合わせて煮る料理を考えました。思い描いたとおり、両者の相性はぴったりでした。新しい日本料理として、こんな考え方があってもいいと思うのです。

作り方83ページ

だしの材料帳

おいしいだしをとるためには、丁寧に加工された上質な素材を選ぶことも大切です。ふだん私が愛用している、昆布や花かつおから、簡単にだしがとれる優秀な商品まで、素材の選び方を含め、おすすめの商品を紹介します。

奥井海生堂
利尻昆布

昆布はとれる場所によって種類が異なります。産地名を冠して、利尻昆布、羅臼昆布、日高昆布の3種と、道南でとれる真昆布を加えた4種に大別できます。それぞれに風味や香りが異なり、その昆布でとっただしの風味も当然、変わってきます。利尻、礼文島でとれる利尻昆布は、一般に最も上品な澄んだだしがとれるとして、京都の料亭や割烹では主流です。家庭でも、繊細なだしを目指すなら利尻が一番。ただし、うまみが淡いので、慣れていないと扱いが難しい面もあります。

奥井海生堂
徳用利尻昆布切落し

ほんとうに上質な利尻昆布は高価なものですので、家庭でとる普段使いのだしには、徳用の切落しで充分です。切落しとは、昆布のサイズをそろえて梱包する際に切り落とした長さがふぞろいの昆布です。

奥井海生堂
山出し昆布（真昆布）

昆布は、古くは、北前船の寄港地であった敦賀から陸路で海津へ。その後琵琶湖の水運を利用して京都、大阪へ運ばれました。だから、昆布取引きの中心地は今でも大阪です。山出し昆布と呼ばれる真昆布は、繊維質がやわらかく、うまみが出やすく、大阪名物の高級佃煮昆布の原料として知られています。利尻昆布に比べて、しっかりしたうまみが出るので、だし初心者にもおすすめです。

奥井海生堂
福井県敦賀市金ケ崎町9-10
TEL 0770-22-0493

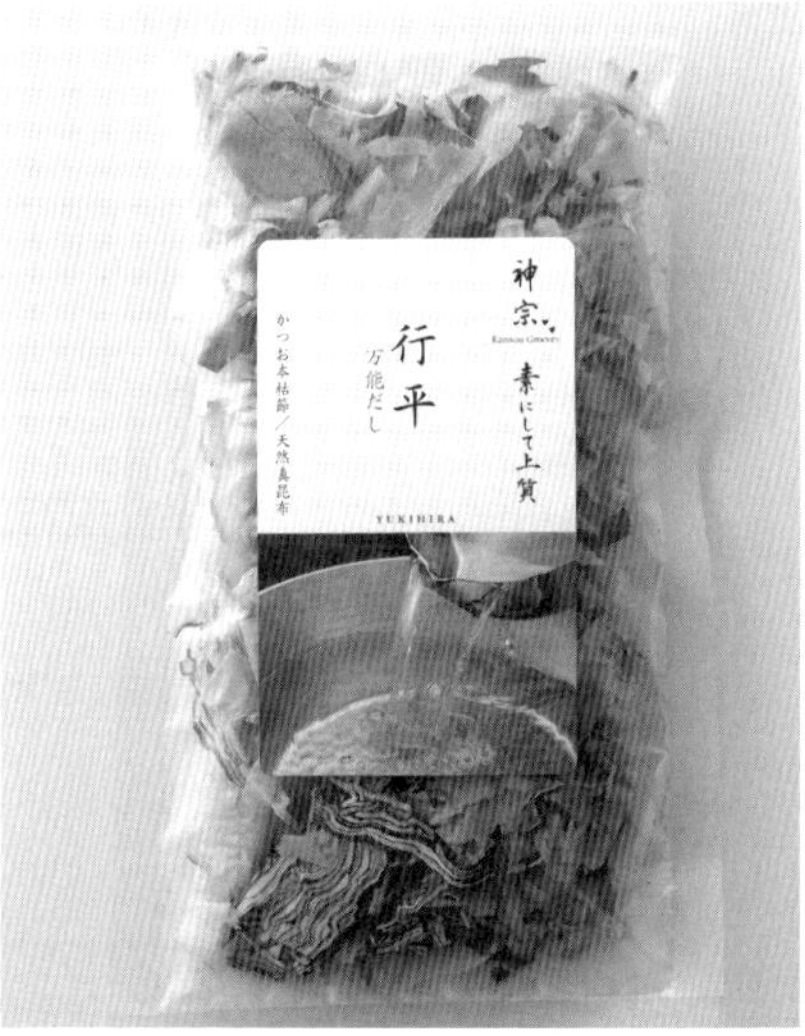

だし工房 宗達
行平

だしをとることに慣れていない人に、気軽に天然のだしのおいしさに親しんでもらいたいと、大阪の老舗佃煮屋「神宗」が開発した、新ブランドの新商品です。昆布の繊維を断ち切りながら削ることで、瞬時にうまみを引き出す技術を開発。ドリップタイプのコーヒーのように、薄切り昆布とかつお節に熱湯を注ぐだけで風味豊かなだしがとれます。鍋やこし器を洗う面倒がなく、時間がないときや、少量のだしがいるときなど、入門編として活用したいものです。

だし工房 宗達
京都市中京区蛸薬師通堺町東入雁金町375-4
TEL 075-256-8752

かつおの天ぱく
花かつお

かつお節は鮮度が命。とはいえ、家庭で毎朝かいてだしをとるという作業は、忙しい現代では難しいものです。そこで、削って充塡されている花かつおを使うわけですが、風味のいい正統派として評判が高いのが、伊勢神宮献上品の、伊勢志摩波切「かつおの天ぱく」の四季重寶。4回のかびつけで熟成を重ね、昔ながらの製法でいぶして仕上げた本枯れ節の削り節なので、香りも風味も強く、失敗なくおいしいだしがとれるのが利点です。

⅄かつおの天ぱく
三重県志摩市大王町波切2545-15
TEL 0599-72-4633

香川県漁連
煮干し

古来、日本各地の沿岸でとれたいわしの稚魚を干して煮干しとし、だしをとるのに使ってきましたが、現在では瀬戸内産の品質の高さは別格です。とれてすぐをそのまま浜ゆでにし、干し上げます。大ぶりで肉厚なもののほうが、しっかりしたうまみが出て、臭みのない澄んだだしがとれます。使うときには、必ず頭と内臓を取り除くこと。

⅄香川県漁連
香川県丸亀市蓬莱町28-11
TEL 0877-56-1551

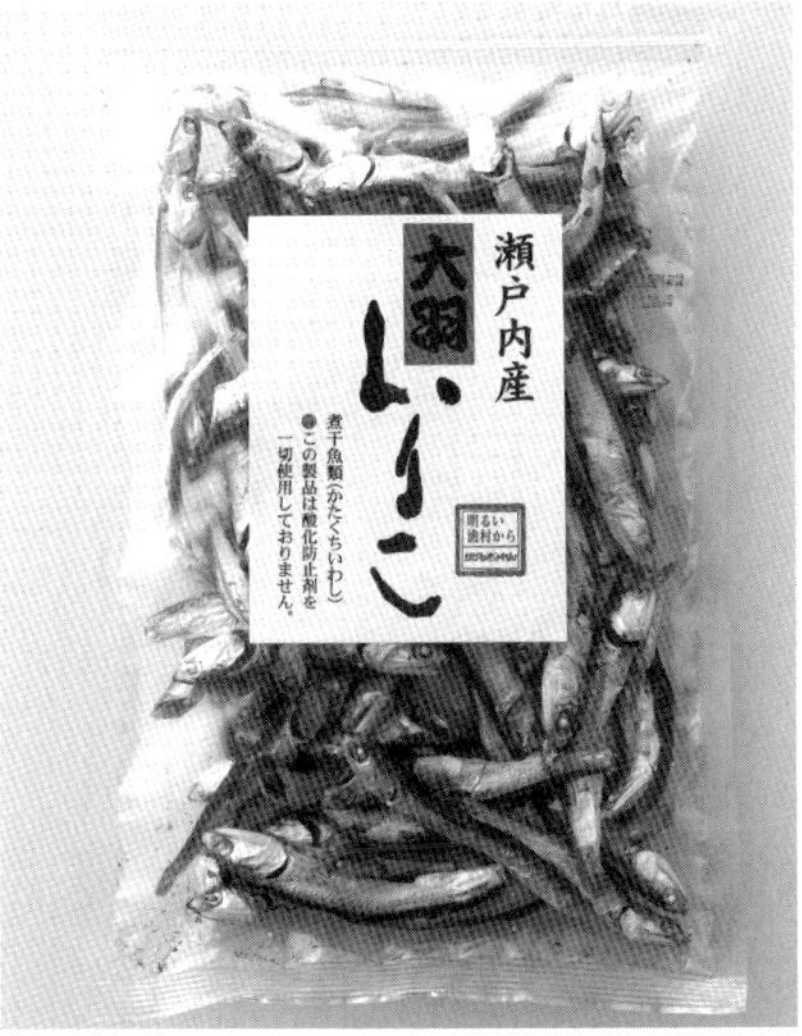

香川県漁連
干しえび

近海でとれたえびの殻をむき、温風で干し上げたもの。だしをとるだけでなく、もどしたあとにそのまま煮たり、炒め物にしてもおいしく食べられます。瀬戸内産や九州産が主流。

干し貝柱

北海道産の帆立貝の貝柱を干し上げたもの。大きいものほど高価で、品のいい甘みも強くなります。ただし、大きなものほどもどすのに時間がかかりますから、ゆっくりもどすことが大切です。こちらも高価な素材ですが、姿煮にするのではなく、だしをとることだけが目的であれば、割れた干し貝柱だけを集めた徳用のもので充分です。

干ししいたけ

かさの厚いどんこしいたけと、平べったい香信しいたけの2種類があります。どんこしいたけのほうが風味がよく、しっかりとした味わいのだしがとれます。また、煮ても肉厚で、歯ごたえも抜群。ただ、もどすのに時間がかかりますから、2種類を用意して使い分けると便利です。

後藤加寿子　ごとう・かずこ

茶道武者小路千家(官休庵)十三世家元有隣斎と千澄子の長女として京都に生まれる。懐石料理の第一人者であった母親の影響で伝統の京料理や懐石に造詣が深い。結婚後は静岡市と東京を拠点に料理研究家として活躍。古きよき日本料理の伝統を、現代の暮しに生かし、若い世代に伝えることに意欲的。海外にも積極的に出かけ、新しい調理器具を取り入れるなどの提案も。現在は、本格茶懐石と家庭料理を柱に教室を主宰。二〇一一年、自著『茶懐石に学ぶ日日の料理』でグルマン世界料理本大賞「食の文化遺産」特別賞、辻静雄食文化賞をダブル受賞する。著書に『茶懐石に学ぶ日日の料理』(文化出版局)、『京都生まれの和のおかず』(世界文化社)、『四季と寄り添う 持たない暮らし』(徳間書店)などがある。

ホームページ
http://kazuko-sansyo.com/

ブックデザイン　若山嘉代子 L'espace
撮影　鍋島徳恭
校閲　山脇節子
取材・文　小松宏子
編集　成川加名子
浅井香織(文化出版局)

撮影協力

うつわ　楓
東京都港区南青山3-5-5
TEL 03-3402-8110

エルキューイ・レイノー青山店
東京都港区北青山3-6-20 KFIビル2F
TEL 03-3797-0911

ギャラリーこちゅうきょ
東京都中央区日本橋3-6-9 箔屋町ビル2F
TEL 03-3273-1051

サボア・ヴィーブル
東京都港区六本木5-17-1 AXISビル3F
TEL 03-3585-7365

瀬津雅陶堂
東京都中央区日本橋3-7-9
TEL 03-3271-9630

チェリーテラス・代官山
東京都渋谷区猿楽町29-9 ヒルサイドテラスD棟1F
TEL 03-3770-8728

おいしいね。まずはおだしで。

昆布、かつお節、煮干し、素材、乾物でだしをとる。

2013年4月21日　第1刷発行

著　者　後藤加寿子
発行者　大沼 淳
発行所　学校法人文化学園 文化出版局
〒151-8524 東京都渋谷区代々木3-22-7
電話03-3299-2565(編集)
03-3299-2540(営業)
印刷・製本所　凸版印刷株式会社

©Kazuko Goto 2013 Printed in Japan
本書の写真、カット及び内容の無断転載を禁じます。
本書のコピー、スキャン、デジタル化等の無断複製は著作権法上での例外を除き、禁じられています。
本書を代行業者等の第三者に依頼してスキャンやデジタル化することは、たとえ個人や家庭内での利用でも著作権法違反になります。

文化出版局のホームページ　http://books.bunka.ac.jp/